THEATERBIBLIOTHEK

Tom Lanoye, geboren 1958, ist in Belgien eine Berühmtheit. Dort prägt er mit seinen Theaterstücken, Romanen und Gedichten, seinen Kolumnen, Kommentaren und Kurzgeschichten das kulturelle Leben. Hier kennt man ihn nach seinem spektakulären Einstand mit der Shakespeare-Adaption *Schlachten!* bei den Salzburger Festspielen und seit dem Bühnenerfolg von *Mamma Medea* vor allem als Dramatiker.

Mamma Medea beginnt, anders als die berühmte Tragödie des Euripides, schon in Medeas Heimat: Die nach strengen Grundsätzen erzogene kolchische Königstochter verliebt sich in den griechischen Abenteurer Jason, hilft ihm bei der Erbeutung des Goldenen Vlies' und riskiert selbst den Brudermord, um mit dem Geliebten in das ferne, verheißungsvoll moderne Griechenland zu ziehen. Doch dort bleibt Medea eine Fremde und muss sich mit einem faden Leben als Hausfrau und Mutter arrangieren. Als sie rebelliert droht ihr die Abschiebung...
»Es geht um geplatzte Träume, große Liebe, den Verlust von kultureller Identität, verletzten Stolz und blutige Rache, – kurz um das heftigste Multi-Kulti-Liebespaar der europäischen Literatur.« *Peter Hilton Fliegel*

Mefisto forever ist eine freie Bearbeitung des berühmten Romans »Mephisto« von Klaus Mann. Einziger Schauplatz des Stücks ist die Bühne eines Theaters und zwar vor, während und nach den Proben. Es geht um Kunst und Macht – um Wert, Anspruch und die Verantwortung des Künstlers in der Gesellschaft.
Die neuen totalitären Machthaber tragen dem Starschauspieler die Intendanz des Staatstheaters an. Er übernimmt das Amt, doch sein Vorsatz, aus dem Theater einen Hort des Widerstands zu machen, entpuppt sich als Selbsttäuschung. Anfällig für Schmeicheleien und unfähig, für eine Überzeugung einzustehen, sieht er tatenlos zu, wie die Politiker die Bühne erobern...

Im Verlag der Autoren außerdem lieferbar:
Schlachten! Nach den Rosenkriegen von William Shakespeare

Tom Lanoye

Mamma Medea

Mefisto forever
Frei nach Klaus Mann

Aus dem Niederländischen von Rainer Kersten

Verlag der Autoren

Originaltitel:
Mamma Medea

Mefisto forever. Vrij naar Klaus Mann

Die Übersetzung von *Mefisto forever* wurde gefördert vom
Flämischen Literaturfonds (Vlaams Fonds voor de Letteren – www.vfl.be)

Bibliografische Information Der Deutschen Bibliothek
Die Deutsche Bibliothek verzeichnet diese Publikation in der Deutschen Natio-
nalbibliografie; detaillierte bibliografische Daten sind im Internet über
http://dnb.ddb.de abrufbar.

Verlag der Autoren GmbH & Co KG
Schleusenstraße 15, D-60327 Frankfurt am Main
Tel. 069-238574-20. Fax 069-24277644
e-mail: theater@verlag-der-autoren.de
www.verlagderautoren.de

Satz: SVG, Satz- und Verlagsgesellschaft, Darmstadt
Druck: betz-druck GmbH, Darmstadt

ISBN 978-3-88661-303-8
Printed in Germany

Inhalt

Mamma Medea

PERSONEN

DIE KOLCHER

MEDEA
AIETES, ihr Vater, König von Kolchis
CHALKIOPE, ihre ältere Schwester
APSYRTOS, ihr jüngerer Bruder
FRONTIS, ihr Neffe, ältester Sohn der Chalkiope
MELAS, ihr Neffe, jüngerer Sohn der Chalkiope
KIRKE, ihre Tante

DIE ARGONAUTEN

JASON, Anführer und Kapitän der Argo
TELAMON, sein Kamerad
IDAS, sein Kamerad

DIE KORINTHER

KREUSA, Tochter des Kreon, König von Korinth
ZWEI KINDER, Söhne von Jason und Medea
DIE DIENERIN
DER SPORTLEHRER

DIE MYTHILENER

ÄGEUS, König von Mythilene

Schauplatz ist nacheinander das ferne und barbarische Kolchis, eine unbenannte wüste Insel, die Insel der Kirke, Aiaia, und das griechische Königreich Korinth.

TEIL I

ZU HAUSE /
IN
DER
FREMDE

ERSTER AKT
I.1

Kolchis, eine unermessliche Ebene, leuchtende Farben,
Staub und Sonnenlicht. Der Palast des Aietes. Chalkiope
und Medea. Auftritt Frontis und Melas, gefolgt von Jason
und den Argonauten.

CHALKIOPE
Ja, seh ich recht? Seid ihr das wirklich, meine Söhne?
Nein, nein. Das müssen Geister sein. Zwei Schatten.
Mein wahres Fleisch und Blut verließ mich ja,
Ohn' Abschiedsgruß, Adresse oder Brief,
Bei Nacht und Nebel einfach futsch!, davon, zu Orten,
Wo sie nicht hören mussten, wie ich weinte,
Gebracht um Söhne, Gatten, Lebensmut…
Rührt mich nicht an! Und kommt mir nicht mit Küssen!
Hätt ich nach eurem elenden Verrat
Nur meine Mutterpflicht getan: mir's Haar gerauft,
Gefastet, mein Gewand zerrissen, mir
Die Brust zerkratzt, die Zunge abgeschnitten,
Die Augen ausgestochen, dann… ja dann:
Hätt ich euch jetzt nicht sehen müssen,
Blieb euer plumper Anblick mir erspart,
Müsst ich kein Wort an euch verschwenden mehr
Und eure fluchbeladnen Hände wärn
Vor meinen Narben so zurückgeschreckt,
Wie ich nunmehr vor euch…
Was steht ihr da noch blöd herum? Kommt her!
Zeigt eure Liebe der, die euch geboren!
Lässt sich küssen, weint.
Was richtet dieses Land bloß mit mir an? Jetzt bin
Ich froh darum, was ich am meisten fürchtete:

11

Dass ihr erneut an meines Vaters Hof erscheint.
Und dennoch ärgert's mich, wenn ich's auch hoffte:
Dass ihr so mir nichts, dir nichts wieder hier.

FRONTIS Mutter, verzeiht, Ihr müsst uns glauben…

CHALKIOPE
Aus meinen Augen! Nein, kommt her! Vergebt.
Nur sagt's mir doch, gebt Rat und klärt mich auf:
Womit hab ich gefehlt, was tat ich falsch,
Dass mich die eigne Leibesfrucht bespuckt,
Mein Vater mich bei Tag und Nacht verflucht?

MELAS *schulterzuckend*
Wir wollten, nach dem Ende von Papa,
Mal sehn wie schön sein Land der Väter war.

FRONTIS
Wir mussten uns in aller Eil' entscheiden,
Ob wir nun gehen wollten oder nicht.

MELAS Danach war's uns unmöglich, dir zu schreiben.

CHALKIOPE Unmöglich?
Wenn ich je etwas wollt für euch – ich fand
'Nen Weg. Ihr nicht! Das ist der Unterschied!

MEDEA *zu Jason* Doch sagt… wie heißt ihr? Und was führt
euch her?

CHALKIOPE Medea?!
Es schickt sich nicht für eine Frau von hier,
Mit fremden Männern zu poussiern.

JASON Jason. Idas, Telamon. Aus Griechenland, mit einem
höflichen Gesuch.

MEDEA So höflich, dass ich es nicht wissen darf?

CHALKIOPE Medea!
Ich bitt euch, Herrn, lasst meine Schwester gehn!

JASON *zu Chalkiope* Ich möchte nur Ihren Herrn Vater
sprechen.

MEDEA Wozu?

CHALKIOPE Medea!

JASON *zu Medea* Für einen Gefallen.

CHALKIOPE Wir hörten selten solch honett Gesuch.
Und kamt ihr für so wenig von so weit?

AIETES *Auftritt, gefolgt von seinem Sohn Apsyrtos*
Vermaledeite Brut, seh ich euch wieder?
Ihr üble Plage meines alten Tags?
Wär's mir vergönnt, euch nimmermehr zu sehn!
Verschont zu sein von eurem Übermut,
Dem Bastardblut, den elenden Gesichtern!
Verflucht der Morgen, an dem euer Vater,
Und sei's auf einem goldnen Widder auch,
Hierher kam und ich ihn empfangen musste.
Verflucht der Tag, an dem sein Auge fiel
Auf die, die euch zur Mutter, ihm zur Hure wurd.
Verflucht die Stunde, da er sie gewann
Und zerrt' in sein verdrecktes Liebesnest.
Verwünscht der Augenblick, da seinen Samen er
Verschoss, aus dem ihr Unkraut seit entsprossen...
Wie wagt ihr euch so einfach wieder her?
Unangekündigt, – frech! –, begleitet von
'Ner Bande fremden Packs, die bis zum Hals
Bewaffnet ist? Wer sind eure Kumpane? Wer?

JASON Verehrter Fürst... *Wird ignoriert*

AIETES Was heckt ihr aus hier? Mord? Verrat? Vergeltung?
Zerrt ihr an meinem Hof mich vor Gericht?
Wär nicht mein Sohn Apsyrtos, meine Sonne, hier,
Ihr hättet mich schon lange umgebracht!
Und jetzt wollt ihr's mit Fremden wohl versuchen?

JASON Großer König, Verzeihung, aber das ist ein
Missverständnis...

AIETES Hab ich dich was gefragt? Dir's Wort erteilt?
Dir eine Gunst gewährt, bis darauf, dass

Du schon seit Stunden hier im Lande weilst,
Und doch den Kopf noch auf den Schultern trägst?
Wenn nicht das Gastrecht es verbieten tät',
Hätt ich dir längst die Fußsohln angesengt,
Die Hände abgehackt, und deinen Rumpf
Unter dem schwersten Mühlstein plattgequetscht...

JASON Ich bitte nicht ums Wort, ich ergreife es. Sie haben nichts zu befürchten. Ihre Enkel haben uns den Weg gezeigt, mehr nicht. Mein königlicher Onkel Pelias hat mir befohlen, das Goldene Vlies von hier zu holen. Der Widder, aus dessen Fell es gemacht ist, wurde von Ihrem verstorbenen Schwiegersohn hierher gebracht, einem Griechen. Das Vlies gehört also, bei allem Respekt, nicht Ihnen, sondern Zeus. Unserem obersten Gott. Ich werde ihm eigenhändig das Vlies opfern. In Griechenland.

AIETES In Griechenland?

JASON Sie haben mein Wort. Das Wort von Jason. Sohn des Aison. Enkel des Gottes Prometheus.

AIETES Ist für dein Kommen das der Grund? Das Vlies? Hättst du das gleich gesagt! Ich geb es dir!

JASON Vielen Dank. Und wie können wir uns revanchieren? Ich hörte, dass sie Probleme mit Barbaren an Ihren Grenzen haben. Wenn Sie denen mal ordentlich die Leviten lesen wollen, dann wollen wir Ihnen gern dabei helfen. Mit unserem schnellen Boot, der Argo, sind wir in Nullkommanichts dort.

AIETES Wenn wirklich du von deinen Göttern stammst,
Und du wahrhaftig so verwegen bist,
Mit deinem patzigen Gesuch mich zu
Brüskiern, so wirst du mir wohl zugestehn,
Dass ich dir erst 'ne Probe auferleg.
In meinen Ställn hab ich zwei Stiere stehn,

Sie spucken Feuer, ihre Hufe sind von Bronze.
Die spannst du ein, sobald der Tag anbricht,
Und pflügst ein Feld, so groß wie meine Stadt.
Doch streust du nicht des Kornes Gold als Saat,
Sondern die Zähne einer mächtgen Schlange,
Woraus nicht Ähren wachsen, nein: Soldaten –
In voller Waffenrüstung, die dich fordern.
Die tötest du allsamt mit Schwert und Speer,
Bevor die Sonne wieder sinkt… Das wär's!
Das Werk könnt ich recht leicht noch selbst vollbringen!
Gelingt es dir, erhältst du auch das Vlies.
Doch kostet's dich den Kopf, wenn du verlierst.

JASON *zögert einen Moment* Einverstanden. Stellen Sie mich auf die Probe, Aietes. Das hat mein eigener König auch getan, mit dieser Reise. Ich bin bis hierher gekommen, jetzt mache ich weiter, wie's auch ausgeht. Nur um eines bitte ich Sie: Schonen Sie meine Kameraden, wenn ich verliere. Sie kamen in Freundschaft, genau wie ich.

AIETES So preis dich glücklich, über alle Norm,
Dass du schon morgen gleich in aller Früh
Die Stiere einspann'n darfst und damit ja
Noch eine Chance bekommst – sei's für die Form.
Jetzt geh! Bereit dich vor. Lern beten. Und…
Genieß, was deine letzte Nacht sein wird.

Jason ab, gefolgt von den Argonauten; auch Chalkiope und die Söhne verlassen die Szene.

AIETES *zu seinem Sohn*
Sieh ihn dir an: die Narrheit in Person!
Die Stiere reißen ihn entzwei, währnd du
Sein Boot mit Feuerpfeiln in Flammen setzt,

Dass es mit Mann und Maus sogleich verbrennt.
Nicht *einem* der Piraten sei's vergönnt,
Den Seemannstod in kühler Flut zu sterben – nein:
Durch Schwert und Feuer muss die Brut verderben,
Dern einzig üble Absicht ist, die Hand
An andrer Leute Hab und Gut zu legen.
Und sorg, Apsyrtos, dass auch deine Neffen
Der Strafe für ihrn Frevel nicht entgehn.
Sie brachten die Gefahr in unser Land,
Denn jeder Unbekannte, der hier landet,
Bringt nichts als Unheil uns und Mord und Brand.
Ab, mit Apsyrtos.

MEDEA Dem Fremden, sagt man, kann man niemals trauen –
Denn eine Mauer, undurchdringlich schier
Trennt den Verwurzelten vom Heimatlosen stets...
Doch warum wein ich dann, aufs Mark erschüttert,
Um einen, den ich gestern nicht gekannt?
Nie sah ich einen Mann, der Jason gleicht.
Ist er verschwunden auch, ohne ein Wort,
Doch seh ich ihn noch immer, hör die Stimme,
Seh seinen Mund, den Mut, den männlich-schönen Kopf.
Den stolzen Schritt, mit dem herein er trat,
Den edlen Sinn, mit dem er Hohn und Zorn
Kühn trotzte und die schlimme Probe hörte.
Auch berg ich mein Gesicht, seh ich das Licht,
Das ihn umstrahlt wie einen fremden Gott...
Was ist mir? Warum stockt mir so der Atem?
Ich zittere von Kopf bis Fuß, mir schwindelt.
Seltsam – so froh zu sein! Und doch so ängstlich.
Wie um 'nen Bruder, eigen Fleisch und Blut,
Beklemmt die Angst mich, dass die Stiere ihn
Zu Tode bringen, mitleidlos zertrampeln,
Was von dem kalten Körper übrig bleibt.

Zum Fraß für Vögel, Würmer, Skarabäen,
Bis nur die Erde ihn noch zu sich nimmt…
Was fasle ich? Werd ich von Schmerz gequält,
Um einen aufgeblasnen fremden Laffen, der
In unserm eignen Haus mein'n Vater kränkte?
'S ist gegen jede Regel der Natur,
Für einen Feind zu beten und zu heuln.
Fort! Weg mit ihm. Er hat es so gewollt!
Obwohl… Auf ein Ding wag ich doch zu hoffen.
O Helios, goldner Sonnengott, ich fleh:
Lass Jason unbeschadet diesem Land
Entfliehn – und sorg für seine sichre Heimkehr.
Allein: ist ihm dann doch der Tod bestimmt –
Lass ihn, bevor er stirbt, zumindest wissen:
Medea trauert – und beklagt sein Los.
Ab.

I.2

An einem Flussufer in Kolchis. Jason und die Argonauten.

IDAS Und ich sage: Wir fahren nach Hause. Jetzt sofort.

JASON Nun sind wir so weit gekommen, jetzt fahren wir
ohne das Goldene Vlies nicht mehr zurück.

TELAMON Es tut mir Leid, aber ich finde, Idas hat Recht.

JASON Ich hab mich auf die Probe eingelassen, und ich hal-
te mein Wort.

TELAMON Aber wird Aietes auch seins halten?

IDAS Das Wort eines Barbaren?!

JASON Wir sind Griechen – die Kultur!

IDAS Seine eignen Enkel nennen ihn einen Despoten!

JASON Er hat ihren Vater liebevoll aufgenommen. Einen dahergelaufenen Jungen, einen Flüchtling, einen Habenichts... Er hat ihm ein Dach überm Kopf gegeben, seine Tochter mit ihm verheiratet.

IDAS Ich hab nicht den Eindruck, dass er sich darauf noch viel zu Gute hält.

TELAMON Dem Mann kann man nicht trauen, das sieht man doch.

JASON Ich verurteile niemanden nach dem ersten Eindruck.

IDAS Wenn's ja nur der alte Wüterich wäre – aber diese ganze verwünschte Gegend. Wie die hier wohnen, wie die kochen – und reden?! Da wird einem doch schlecht. Total zurückgeblieben! Und wo du hinguckst: Termiten, Spinnen, Käfer, Krähen. Selbst die Ratten haben hier Flügel. Und alle sehen einen an, als hätte man den bösen Blick.

TELAMON Die Frauen werden ja noch begraben, wie sich's gehört: in der Erde. Aber die Männer?

IDAS Die werden in einen Sack aus Ziegenhaut genäht und in einen Baum gehängt. Wenn der Wind geht, klappert der ganze Wald. Und ausgerechnet da hängt das Goldene Vlies.

TELAMON Schwer bewacht.

IDAS Ja! *Lacht.* Von einer »tausendäugigen Schlange«.

TELAMON Lach nur, das kann alles Mögliche bedeuten, unterschätz die Leute hier nicht.

JASON Sie haben eben ihren Stolz. Ich muss nur die Probe bestehen. Aber wie?

FRONTIS *Auftritt, mit seinem Bruder* Mein Herr?
Sucht Ihr für Euren Kampf nach einer List,
So rat ich Euch, fragt eine Frau von hier,
Die in so manchen Dingen sehr bewandert ist.

18

MELAS Sie seufzt wie wir unter der Schinderei
  Dieses Despoten. Stimmt sie gnädig Euch!
FRONTIS Mit ihr Ihr jedweden Soldat besiegt,
  Der aus den weißen Schlangenzähnen sprießt.
JASON Wieso?
MELAS Sie kennt die Kräuter, die die Kraft besitzen,
  Dass Feuer, Erde, Wind und Wasser auch,
  Selbst Schweine, Bären, Männer, ganze Städte,
  Sich ihrn Befehlen willig unterwerfen.
FRONTIS Sie kann das Grollen zähmen von Vulkanen.
MELAS Die Springflut lähmen durch ein Stoßgebet.
FRONTIS Den Stand der Sterne auf ein Wort hin ändern.
MELAS Den Vollmond zwingen um auf neue Bahn.
FRONTIS Die Mutter bringt Euch – wenn Ihr wollt – zu ihr.
JASON *in amüsiertem Ton* Eure Mutter? Warum das denn?
MELAS Die Frau ist ihre Schwester, Herr, Medea!
FRONTIS Doch nur Medea hat die mächtgen Gaben
  Von unsrer Großtante, der weltberühmten Kirke.
MELAS Die lebt in Einsamkeit im fernen Land Aiaia,
  Der Insel, wo noch Höllenhunde hausen.
FRONTIS Wenn es Medea je an Rat gebricht,
  Kann sie noch immer ihre Muhme fragen.
JASON Also es tut mit Leid, aber auf Hokuspokus mit einer
  Medizinfrau lass ich mich nicht ein. Niemals.
FRONTIS Ist es – für einen Griechen – so verkehrt,
  So ehrlos oder unzivilisiert,
  Lokale Bräuche klug zu respektieren,
  Statt sie zum eigenen Pech zu ignorieren?
MELAS Wer sich auf fremdem Boden wagt zu zeigen
  Macht besser sich des Landes Brauch zu eigen.
FRONTIS Wir könnten sie ja zu dem Treffen laden.
MELAS Und wenn's nicht nutzt, so kann es doch nicht
  schaden.

JASON *zögert* Na gut. Vielleicht war ich etwas voreilig. Ich
    werde mal mit eurer jungen Tante reden. Herausfin-
    den, was sie für uns tun kann. Ich dank euch für den
    Rat.
FRONTIS Was sie für Euch auch immer möge wagen,
    Ihr werdet's niemals – oder stets beklagen.
    Mit einer Verbeugung ab, zusammen mit Melas.
IDAS Jason, ich bitte dich.
TELAMON Fahren wir nach Hause.
JASON Vielleicht will sie nicht mal mit uns reden.
IDAS Warum sollen wir es dann?
JASON Vielleicht versteht sie gar nichts von Kräutern.
IDAS Vielleicht rennt sie gradewegs zu ihrem Vater.
TELAMON Vielleicht vergiftet sie uns sogar.
JASON Nein – und wär's bloß, um den beiden Jungs einen
    Gefallen zu tun. Wir können jede Hilfe gebrauchen.
TELAMON Hilfe?
JASON Ich habe mein Wort gegeben. Wir reden mit dem
    Mädchen. Dieser Medea.
    Ab, gefolgt von Idas und Telamon.

I.3

Im Palast des Aietes. Medea auf ihrem Zimmer.

MEDEA Wohin ich mich auch leg, auf Daunen oder Stroh,
    Die süße Medizin des Schlafs bleibt mir
    Zunächst stets fern. Doch dann, sobald der Schlummer
    Mich doch noch findet, verschwindet meine Ruh'
    Erst recht. Oh, nie mehr wegdämmern zu müssen!
    Nie mehr in das bedrückend Labyrinth gerissen
    Von krausen Träumen, die mir's Hirn zermartern:

Der Fremdling – dauernd taucht er auf – behauptet,
Er wollt die Probe nur um den Preis wagen,
Wenn nicht das Vlies der Lohn wär, sondern ich…
Und prompt seh ich mich selbst, als gäb es mich
Ein zweites Mal. Ich bin es, die den Pflug
Tief in die Erde senkt, die Stiere lenkt,
Ich schlag die Schlangenkrieger und besteh
Die Probe ganz – zum Schrecken meines Vaters,
Doch unverhohlnen Jubel jenes Fremden.
Ich seh ihn an, ich lache froh zurück,
Hab keinen Blick für den bestürzten Vater.
Sein schneidender, von Schmerz gezeugter Schrei,
Gleich einem Teufel oder Sterbenden,
Zerreißt die Schleier meines irren Traums
Und lässt, vor Angst noch zitternd, mich erwachen…
Ich hab gesündigt gegen jedes Recht.
Mag er auch großes Leid verschuldet haben,
Aietes bleibt mein Fürst, mein Herr, mein Vater.
Ich bin sein Blut, gehöre ihm. Weh mir!
Wer bin ich noch, die ich vergessen konnt,
Wer mich zuerst – und wohl am meisten – liebte.
All' was von Jason kommt, bringt neues Leid –
Mein Haupt, mein Leib, mein Land wird krank. Es loht,
Es dreht sich, treibt davon, es droht zu falln.
Soll er im eignen Land doch eine Braut sich suchen!
Weit weg! Ein junges Ding, ein Mensch – ein Mädchen
                                                    halt
Aus seinem Volk. Und mich soll er vergessen!
Ich bleib, wo ich geboren bin. Als Jungfrau. *Weint.*
Doch nein! Oh Himmel, lass sein Aug' mich finden!
Ach, Jason!
Mein grausamer, mein ferner, wilder Jason.
Mög deine Kühnheit mich entzünden,

So wie der Wundbrand eine Hure trifft.
Mög Liebe dich wie eine Zecke beißen,
Wie sie sich nährt und zehrt von meinem Blut.
CHALKIOPE *kommt herein* Medea?
Die Stirn glüht dir, die Hände sind wie Eis.
Was ist das beispiellose Leid, dass dich
So tief betrübt? Ist es ein Fluch von Gott,
Dass deine Tränen so untröstlich fließen?
Oh sag mir, welche Krankheit dich so quält.
Schließ mich nicht aus, verbirg die Wahrheit nicht!
Pause.
Ich weiß schon lang, dass Vater Pläne schmiedet,
Gleich nach der Probe meine Buben und
Die Griechen in den Hinterhalt zu locken.
Ich hoff nur dies: Dass hinter mir du stehst.
Pause.
Mein Vater wünscht mich weg – die Schwester schweigt?
Wär es mir nur vergönnt, dass diesen Hof,
Dies Haus ich nie mehr seh! Oh wohnte ich
Wo Erde, Luft und Meer sich treffen und
Kein Mensch den Namen unsres Kolchis kennt!
Wie hab ich das verdient: verstoßen – tot! –,
Beweint von weder Mann noch Freund noch Kind!
MEDEA Wie kannst du das nur sagen? Du hast mich!
Aus Sorg um meine Neffen war es grad,
Und unser übles Los, dass ich so hemmungslos
Geweint. Ich werde allen Göttern Opfer bringen,
Dass sich mein Alptraum als ein Trug erweist.
CHALKIOPE Ein Opfer nur nimmt unsre Schand nicht fort –
Ich hätt von dir mehr Kraft und Mut erwartet.
Was Kopf und Herz verbieten, das lass nicht
Geschehn! Mach, dass ich nicht mitansehn muss,
Wie meine eigne Leibesfrucht von dem

22

Brutal zertreten wird, der mich erzeugte!
Doch hilf mir heimlich und verrat mich nicht!
Den Himmel und die Erde ruf ich an,
Die Götter und die Toten miteinand
Zu Zeugen, dass du mir geschworen hast,
Im heiligsten Geheimnis mir zu helfen.
Wenn nicht – du also lieber hündisch zusiehst,
Wie sie zu Grunde gehn und ich mit ihnen –
Such ich dich heim, bei jedem neuen Mond,
Als Rachegeist, wo immer du auch wohnst!

MEDEA Chalkiope… Warum nur drohst du mir,
Mit Fluch und Geisterbann für das, was ich
Aus ganzem Herzen dir von selbst versprech:
Was nur in meinen schwachen Kräften liegt,
All meine kleine Macht und dürftge Kenntnis –
Ich geb sie dir. Umsonst. Um deinetwilln.
Auch ich such einen Ausweg für die Buben…
Doch muss dir klar sein, dass ich so zugleich
Riskier, den Fremden beizustehn, die du
Mir immer beigebracht hast strikt zu meiden.

CHALKIOPE Das Recht ist Recht, bis dass die Not es bricht.
Und darum bitt ich dich: Steh ihnen bei.
Sie dürfen morgen früh nicht unterliegen.
Sie brauchen daher dringend Rat und Tat
Von einer, die die Kräuter kennt… Von dir.

MEDEA Die Griechen kennen mich? Fragen nach mir?

CHALKIOPE Bis in ihr fernes Land erklang der Schall
Von deinen wundersamen, seltnen Gaben.
Ihr Anführer, der Jason, hat es selbst bekannt:
»Hilft Ihre Schwester nicht,« sagt er, »sind wir verloren.«
Gib mir die Mittel und die Kräutertränke,
Die Stiere und Soldaten fällen können,
Und unverzüglich bring ich sie zu ihm.

MEDEA Du wirst beobachtet. Das ist gefährlich.
   Wirst du erwischt, ist unser Plan dahin.
   Wär es nicht besser, eine Unverdächtge,
   Von der es niemand hier erwarten tät,
   Würd diesen Fremden unsre Mittel überbringen?
   Wenn du es willst, nehm ich den Gang auf mich.
CHALKIOPE Willst du das Opfer wirklich für uns bringen?
MEDEA Ehr würd das Morgenrot mein Aug verbrennen,
   Der Sang der Nachtigall mir eine Qual,
   Als dass mir wohl ein Mann oder ein Ding
   Je teurer wärn als du und meine Neffen...
   Sag du dem Fremden, dass der Trank heut Nacht
   Beim Sonnentempel ihm wird überbracht.
CHALKIOPE Du meine Schwester und mein Blut –
   Du Tochter mir und langes Leben!
MEDEA Du meine Schwester und mein Blut –
   Du Mutter mir und langes Leben!

Chalkiope ab.

MEDEA Ist dies der Höllenspuk, der Trug der Liebe:
   Dass ich die eigne Schwester bös betrüge,
   Mich meinem Fürst und Vater widersetz
   Und stets verlang nach dem, den ich nicht kenn?
   Je schlimmer sie mich martert, desto mehr
   Werd trunken ich vor wilder Lust und Glück.
   Sie reißt mich um, richt mich zu Grund, sie spuckt
   Mir ins Gesicht – und ich will immer mehr.
   Wie sehr ich mich der Schmach auch widersetz
   Von Schwindel und Betrug, ich schmelz, ich weich,
   Verdammt zu seliger Gehorsamkeit...
   Ich fürcht, dass ich, die dem Despoten widerstand,
   Noch einen zehnfach schlimmeren Tyrannen fand.
   Ab.

I.4

Beim Sonnentempel. Es ist Nacht. Jason, in kolchischer Kleidung. Die Argonauten kommen dazu.

IDAS *lacht* Toll siehst du aus! Tätää, tätää!

TELAMON Wenn man sich vorstellt, wie lang sie an so einem einzigen Stück Stoff arbeiten!

JASON Haltet die Klappe, alle beide! Ihre Schwester hat mir das aufgeschwatzt.

IDAS Und du machst brav alles, was so einer Eingeborenen grade einfällt?

TELAMON *betrachtet und befühlt das Gewand* Echte Handarbeit.

JASON Das gehört dazu. Es kann ja nicht schaden, oder? Versuch doch einmal, anderen Leuten ein bisschen entgegenzukommen.

IDAS Ich hör immer entgegenkommen! Du machst mir Spaß! Als ob ich daheim gemütlich auf dem Sofa säße!

JASON *schlägt Telamon auf die Finger* Die Distanz zwischen ihnen und uns hat nichts mit Kilometern zu tun. Also, und wenn's nur zum Schein ist: Passt euch verdammtnochmal an.

IDAS Okay. Wo find ich sonst noch so nen schicken Faschingsstoff? Aber gehört nicht eigentlich auch noch ne Clownsnase dazu, oder hast du die schon auf?

JASON Ich versuch sie eben zu verstehen, auch wenn sie uns unverständlich vorkommen. Nur so wird man mit ihnen fertig.

IDAS Sie kommen uns nicht so vor. Sie sind so.

JASON Was?

IDAS Verschlagen, hinterhältig und nicht zu begreifen.

TELAMON Ich würde es eher »ungreifbar« nennen. So eine
Art stille, unwiderstehliche Kraft.

CHALKIOPE *kommt mit ihren Söhnen; begutachtet Jason, nickt
zufrieden* Das sieht schon etwas besser aus. Und doch:
Nicht bloß die Kleider machen aus dem Ochs den Mann –
Es kommt noch mehr drauf an, wie gut er redet.
Mit Flüchen lässt sich meine Schwester nicht gewinnen.
Um meinetwillen reicht sie dir die Hand,
Wenn du was falsch machst, schreckt sie's vielleicht ab.
Verdirb den Pakt nicht durch ein Missverständnis.

JASON Wieso?

CHALKIOPE Verletz nicht ihre Scham. Sie ist ein Mädchen.
Das Fremde fürchtend, Schmeicheleien suchend.
Stimm sie dir freundlich und brüskier sie nicht.
Tu alles, was dem Kind Vertrauen gibt,
Und lass, was kränkend wär und ungehobelt.

JASON Was andres hab ich nicht vor.

CHALKIOPE Und geh allein. Sind wir dabei, droht ihr
Gefahr. Sind sie dabei, riskierst du leicht,
Dass sie sich hinter Schüchternheit verschanzt.

FRONTIS Pass auf! Hier kommt sie selbst! *Ab, mit Bruder
und Mutter.*

IDAS Und wir?

JASON Ihr habt gehört, was sie gesagt hat. Haut ab!

Idas und Telamon murrend ab.

MEDEA *kommt herbei; nach langem Schweigen* Jason?

JASON Medea.

MEDEA Bist du das wirklich?

JASON *lacht* Wer sollte es anders sein? *Schweigt.* Wie still
du bist. Ist es wegen meiner Kleidung? *Lacht.* Ich weiß,
sie stehn mir nicht, eure strahlenden Gewänder.

MEDEA Doch, sehr! Sie stehn dir wirklich gut.

JASON Warum guckst du mich dann so entgeistert an? *Schweigt.* Letztes Mal hast du immerhin ein bisschen mehr gesagt. Hast du Angst? Warum? *Schweigt.* Hör mal, ich muss dich um einen Gefallen bitten. Bei allem, was mir teuer ist: Bitte hilf mir. Ohne dich hab ich bei der Probe morgen keine Chance. Vielleicht muss ich sogar sterben. Ist dir das klar?

MEDEA Ja.

JASON Ich will ehrlich sein: Ich habe nichts, was ich dir dafür geben kann. Meine ewige Dankbarkeit, ja. Und auch meine Kameraden werden dir Lobeshymnen singen, wenn sie wieder daheim sind. Ihre Mütter, Töchter und Frauen werden heulen vor Glück, wenn sie uns durch deine Hilfe wohlbehalten wieder zurückbekommen. Sie werden dich preisen wie Ariadne, die Theseus geholfen hat, aus dem Labyrinth zu entkommen! Die Götter selbst haben sie belohnt. Sie ist ein Sternbild geworden und leuchtet jetzt jede Nacht am Himmel. Vielleicht passiert ja mit dir dasselbe. Obwohl ich gar nicht weiß, ob das nötig ist. Du strahlst ja auch so schon. Heller als jede Sternschnuppe. Heller als die goldene Sonne.

MEDEA *holt ein Fläschchen hervor*
Grab eine Grube noch heut Nacht und schlacht ein Kalb.
Vermisch dann Sand und warmes Blut mit Honig,
Gib Wein und Rosenöl dazu, bevor
Du dann das Aas mit Zedernharz verbrennst.
Verlass den Opferplatz, solang die Asche glüht –
Dreh dich nicht um – sonst kehrt das Ritual
Sich plötzlich gegen dich und wird ein Fluch.
Entkleid dich dann. Und reib mit dieser Salbe hier
Den Körper ein, bis dass er glänzt.

Bestreich auch deinen Speer damit, dein Schild, dein
                                        Schwert.
Deck jede Stelle ab, sonst bleibst verwundbar du
An grad dem einen Fleck. Tust du es recht,
Gibt's einen Tag lang weder Mensch, noch Ding, noch Tier,
Das dich verletzt – und sei's ein feuerspeinder Stier.

JASON Ähm, tja… Vielen Dank.

Nimmt das Fläschchen in Empfang.

MEDEA Ein guter Rat noch, der dir vielleicht nützt.
Wenn du, mit deiner Kraft und Könnerschaft
Den harten, jungfräulichen Ackergrund
Betreten hast und mit dem Pfluge aufgerissen,
Die Schlangensaat gesät ist… Du am Boden sitzt
Und zusiehst, wie aus jedem Zahn der Saat
Ein Riese wächst, der seine Waffen schwingt,
Sich losreißt, aufstampft und entsetzlich schreit…
So wirf dann heimlich einen Stein ins Feld.
Wie wilde Wölfe auf ein Aas stürzt jeder sich
Von ihnen mordbereit dann auf den Stein.
Wart bis die einen tot, die andern müde.
Schlag mutig und mit kaltem Blute zu. *Gerührt.*
Dann steht der Weg zum Goldnen Vlies dir offen.
Du nimmst es, rennst davon, so schnell du kannst,
Und segelst fort, zu nichts verpflichtet. Wohin
Es dir gefällt. Dein Anker ist gelichtet.

JASON Was soll ich sagen? Nochmals vielen Dank.

MEDEA *nimmt seine Hand* Doch halt, wenn wieder du zu
                                        Hause bist,
Mein'n Namen stets in Ehren, denk an mich.
So will ich deinen auch in meinem Herz
Bewahrn. *Schweigt.* Ach, Jason sei so gut: Erzähl
Mir kurz doch was von deinem Heimatland!
Es muss ein magischer, ein mächtger Ort sein,

Der einen Mann wie dich zum Sohne hat.
Ist's weit von hier? Wird schwer die Flucht?
Lebt man in Freundschaft? Oder Eifersucht?

JASON Tja… Das lässt sich so eins, zwei, drei nicht zusammenfassen.

MEDEA Beschreib die Schönheit deiner Heimat mir!
Ich bitte dich!

JASON Hm… Also, es wachsen schon mal keine Berge. Im Vergleich zu hier ist es riesengroß. Endlose Weiten. Mit vielen Kühen und so. Und Wasser, ganz viel Wasser. Schwere, niedrige Wolken und ein ganz besonderes Licht. Sanfte Farben − manche finden sie düster. Aber ich nicht. Ich finde, sie haben was. Und in der Mitte von all dem Land und Wasser liegen viele Städte, dicht beieinander. Und eine davon ist meine, Jolkos.

MEDEA *mit seligem Gesichtsausdruck* Jolkos…

JASON Den Namen Kolchis kennt da kaum jemand. Fast niemand kennt deinen Vater oder deine Tante Kirke, ganz zu schweigen von ihrer Insel. Aiaia? *Lacht.* Dabei denken sie bei uns höchstens an kitschige Urlaubslieder. Aber das hat wenig zu sagen, sie kennen ja auch Ariadne nicht, obwohl man denken sollte: die kennt doch jeder? *Lacht* Ich wollte, dein Vater hätte sich für mich ein genauso lockeres Spielchen ausgedacht wie Ariadnes Vater seinerzeit für Theseus. Dann wäre ich schon längst weg.

MEDEA *lässt seine Hand los*
Ich bin nicht Ariadne. Du kein Theseus.
Ich bat um eine Gunst. Behalt mich in
Gedanken − wie ich dich. Ich hoff, dass, wenn
Du diesen Schwur je brichst und mich vergisst,
Die Nachricht mich erreicht − und brächte sie
Ein Rabe mir. Ein Aar, der so weit flög!

Weint. Und wäre ich dann tot, dann käm mein Geist
In deinem schönen Jolkos angespült,
Um Aug in Aug mit dir dich anzuklagen,
Und dich ob deiner Schändlichkeit zu plagen.

JASON *nimmt sie väterlich in die Arme* Aber natürlich werde ich deinen Namen nicht vergessen. Darum brauchst du doch nicht als Geist angespült zu kommen? Komm einfach mal vorbei. Dann siehst du es selbst, wie sie dir alle Kränze winden und dich empfangen wie eine... eine... Art Heldin.

MEDEA Sollt das in Jolkos meine Rolle sein?

JASON Natürlich! *Küsst sie auf die Stirn.* Aber jetzt muss ich los. Sonst sieht man uns noch zusammen, und dann ist alles im Eimer. Ich dank dir tausendmal. Ich weiß wirklich nicht, was ich ohne dich gemacht hätte. *Ab.*

MEDEA Mein Gott... Zu was hat dieser Grieche mich
Gebracht? Wie konnte ich so jäh und dumm
Dem Vater treulos in den Rücken fallen
Und ausgerechnet Jason helfen, der,
Zu Mord und Brand im Stand, ihn schwer bedrängt!?
Soll er bei seinem Kampf krepiern! Das wär
Der rechte Lohn für diesen Hurensohn.
Doch kommt er um, entkomm ich trotzdem noch
Nicht meinem Schmerz. Oh blieb er doch am Leben!
Er soll, gerettet, fahrn, wohin er mag –
Doch ich will sterben noch am selben Tag!
Ich häng mich auf am höchsten First, ich färbe
Mein Laken rot mit Blut, erdolcht von einer Scherbe.
Und doch wird Kolchis meiner dann zu Recht
Noch fluchen, jede Frau wird auf den Lippen
Den Namen mein mit Gift und Galle mischen:
»Da hängt sie nun, das Aas, die Hur Medea,
Trotz ihrer Abkunft, Reinheit und dem Vater!

So sehr ist sie mit fremden Kerln herumgetaumelt,
Dass sie nun dort im Wind am Balken baumelt!«
Das darf nicht sein. Ich bin in seinem Bann.
Nie mehr zeig ich mich diesem fremden Mann. *Ab.*

I.5

Im Palast des Aietes. Frontis und Melas treten ein als Boten.

FRONTIS Kaum lacht' der junge Tag herauf, als Jason auf
    Dem Feld erschien, gleich einem Göttersohn,
    Ein Held aus Zeiten, die vergangen schienen.
MELAS Sein Leib war strahlend nackt und muskulös,
    Ein Gurt um seine Schultern, dran sein Schwert.
    In einer Hand hielt stark er Schild und Speer;
    Die andere trug fest den bronznen Helm,
    Bis an den Rand gefüllt mit Schlangenzähnen.
FRONTIS Die Stiere nehmen Wittrung auf. Sie schlagen
    Mit bronznen Hufen Funken aus dem Boden.
    Sie speien Feuer, und, den Kopf gebeugt,
    Nahn sie im Sturmlauf, Hörner stur voraus,
    Dem Sterblichen – blutdurstig, gnadenlos.
MELAS So wie ein Fels nimmer der Brandung weicht,
    So wartet Jason trutzig auf den Stoß –
    Sein Schild ragt wie ein Schutzwall vor ihm auf.
    So sehr die Bestien brüllen, keinen Deut
    Rührt sich der Schild, umwölkt von Flammen und
    Gebrüll. Um Jason spritzt rotglühnder Seiber,
    Ein wildes Blitzgetöse tobt um ihn.
    Doch bleibt er unbeschadet aufrecht stehn,
    Er dankt's Medeas Wundermedizin.
FRONTIS Er tritt die beiden Stiere vor die Läufe

Und bringt sie roh zu Fall, springt mitten drein,
Greift links und rechts ein Horn, dreht's um und zwingt
Sie so zu knien, bis seine Kameraden
Das Joch auf ihren mächtgen Hals gelegt:
Das Pflügen auf dem Felde kann beginnen.

MELAS Er treibt, mit festem Schritt, den Splint von Stahl
Tief in die Erde, härter als Granit,
Und schlägt, gleich einem Treiber, mit dem Speer
Den Stieren in die Seiten, sie verwundend –
Die Tiere bäumen wild sich hin und her.

FRONTIS Der Boden reißt und schwere Klumpen fallen
Mit lautem Krachen in die Ackerfurchen,
So groß, dass nicht *ein* Mann sie tragen könnt.
Er wirft die Zähne hinter sich, so weit
Wie möglich in die frischgepflügten Reihn,
Doch blickt trotzdem noch stets sich um, voll Furcht,
Dass ihn die aufgeschossne grause Rasse
Jäh überraschen könnt – die Söhne ja
Der mitleidlosen, roten Mutter Erde.
Die Sonne hat den Mittag grad geendet,
Als er den Pflug zum letzten Male wendet.

MELAS Danach entlässt er gern sein feuriges Gespann
Und jagt's davon, ins weite Feld hinein,
Wo es erniedrigt und verhöhnt verschwindet.

FRONTIS Nur kurz gönnt er sich Ruh. Aus einem Fluss
Schöpft er sich Wasser mit dem leeren Helm,
Löscht seinen Durst und kühlt sich Brust
Und Kopf – dann wappnet er sein Herz mit Hass:
Der Lust, nun jeden Krieger, der entsteht,
Zu töten, eh die Sonne untergeht.

MELAS Schon keimen sie im ganzen Feld, wie Halme,
Die Söhne der jäh aufgeschreckten Erde,
Die waffenschwingend dort das Licht erblicken.

FRONTIS Der Widerschein von Helmen, Schilden, Speeren,
 Blitzt auf zum Himmel, holpernd, stoßend, knackend,
 Und von gewaltgem Wehgestöhn begleitet
 Wie eine hundertfache Steißgeburt.
MELAS Stets lauter klingt, aus Kehln, die nie ein Wort
 Gelernt, ein hartes, schauderhaftes Brüllen.
FRONTIS Stets stärker poltert das Gestampf von Füßen,
 Auf Mutter Erde, der sie grad entflohn.
MELAS Einen Moment noch, und die Übermacht
 Wird Jason überrolln, entwurzeln ihn
 Wie die Lawine 's tut selbst mit dem stärksten Baum.
FRONTIS Er weiß, hinter dem Schild verborgen, dass
 Der Sieg ihm winkt schon durch Medeas List,
 Packt einen großen, runden Stein, den nicht
 Vier Mann zusammen hätten heben wollen,
 Wirft ganz allein von fern den mächtgen Stein
 Den bass erstaunten Erdensöhnen hin,
 Und duckt gleich wieder weg sich hinterm Schild.
MELAS Gleich giergen Wölfen auf ein junges Lamm,
 So stürzen die gerad Gebornen sich
 Mit Höllenlärm schwertklirrend auf den Stein,
 Einander erst verwundend, dann vor Wut
 Gar tötend. Einer nach dem andern fällt –
 Zurück in seiner Mutter Erde Schoß.
FRONTIS Dann schießt, wie ein Komet unter dem Schild,
 Das Schwert entblößt, auch Jason auf sie zu.
 Gleich Bauern die, vor Hagel oder Krieg,
 Das Korn, sei's noch so unreif auch, schnell ernten –
 So mäht er all die grausen Wesen um,
 Die, halb entwickelt, halb geborn, noch bis
 Zum Bauch im Boden drin, aus dem sie sich,
 Verzweifelt ruckend, zu befreien suchen.
MELAS Zerfetzt, gespalten, umgehackt, enthauptet –

Noch vor der Reife ward ihr Lebenslicht
Von einem Mann mit einem Schwert gelöscht.
Zu Hauf dort liegen abgeschlagne Häupter.
FRONTIS Gleich Bächen fülln die Furchen sich mit Blut,
Geschwolln wie von gewaltger Regenflut.
MELAS Und doch muss Jason stundenlang noch schlachten,
Vom End des Tags bedroht, er selbst geschwächt,
Von Durst und Hunger beinah schon verschmachtend.
FRONTIS Bis er am End, als grad die Sonne sinkt, dann
endlich –
Mit Einsatz seiner allerletzten Kraft –
Den letzten wilden Erdensohn geköpft.
MELAS Der Tag war um. Die Probe war vollbracht.

Auftritt Jason, erschöpft, blutbespritzt.

JASON Medea? Wo bist du?
MEDEA *läuft herbei* Nein! Jason! Warum kommst du wieder
her?
JASON *fasst sie an der Schulter* Du bist phantastisch. Es hat
funktioniert. Du hättest dabei sein sollen! – Aber war-
um weinst du denn?
MEDEA Du Unglücklicher – mach dich schnell davon!
Mein Vater kennt die Wahrheit, er… er rast, er tobt,
Ist außer sich, und niemand ist mehr sicher.
Er wird sich nicht an sein Versprechen halten.
Das Goldne Vlies ist dir verloren. Flieh!
JASON Und du?
MEDEA Ich komme schon zurecht. Rett lieber dich.
JASON Nach allem, was du für mich getan hast?
MEDEA Sieht er uns hier zusammen, geht's dir schlecht!
JASON Ich lasse dich nicht im Stich.
MEDEA Lass mich! Ich will jetzt nur, dass du nicht stirbst.

34

JASON Ich will nicht, dass dir wegen mir was geschieht.

MEDEA Du kennst den Jähzorn des Aietes nicht.

JASON Eben doch.

MEDEA Wie willst du seine Übermacht bezwingen?

JASON Wir fliehen. Zusammen.

MEDEA *im siebten Himmel* Nach Jolkos?

JASON Auf jeden Fall erst mal weg von Kolchis.

MEDEA Aha!??

JASON Oder ganz bis zu mir nach Hause, wie du willst.

MEDEA *wütend* Und dann?
Als was wirst du nach Jolkos wiederkehrn?
Als Abenteurer? Als Versager. Als Pirat!
Und ich wär nicht mal das. Beraubt der Ehr
Und der Familie – nur durch deine Schuld!
Von jedem tief verachtet und geschmäht.

JASON Und was willst du jetzt machen?

MEDEA *wendet sich ab* Was mir als Königskind zu tun ge-
ziemt.

JASON Ich lass nicht zu, dass dir ein Haar gekrümmt wird.
Auch nicht durch deine Bockigkeit. Komm mit! *Nimmt
ihre Hand.*

MEDEA *reißt sich los* Eine Bedingung! Nimm mich mit
nach Jolkos,
Doch musst zur Rettung meines Rufs und guten Namens
Du als ein Sieger in die Heimat wiederkehrn.

JASON Und dann?

MEDEA Find für mich eine ehrenvolle Rolle,
In der ich bis zum Ende deines Lebens
Geachtet dir zur Seite bleiben kann.
Das sei dein Eid. Das musst du mir versprechen.
Im Tausch dafür besorg ich dir das Vlies.

JASON Das Goldene Vlies? Du willst es stehlen? Für mich?

MEDEA Für dich? Für dich lösch ich sogar die Sonne aus.

Jason und Medea zusammen ab.

FRONTIS Medea führte Jason bei der Hand
  Und bracht ihn über tausend krause Wege
  Bis an den äußern Rand des Heilgen Hains.
  Dort stand – verfalln! – der Hochaltar der Sonne,
  Auf dem der Goldne Widder einst geopfert.
MELAS In Ares heilger Eiche hängt das Fell –
  Es blitzt der Wolke gleich am Horizont,
  Die lang vorm Morgen schon im Licht erglüht.
FRONTIS Und seht! Sofort erhebt sich der Bewacher –
  Der Wurm, des tausend Augen nimmer schlafen.
MELAS Er zischt ohrenbetäubend wie der Krater
  Eines Vulkans, der Rauch und Schwefel speit.
FRONTIS Das Monster ringelt seinen Leib hoch in
  Die Luft, so wie beim Waldbrand Ruß und Rauch
  Gen Himmel lohn: in wütenden Spiralen.
MELAS Die meterlange Zung schießt hin und her,
  Die Haut ist ihm bedeckt mit Eisenschuppen,
  Sein Hals gekrümmt, bereit jäh zuzuschlagen.
  So starrt er Jason und Medea an.
FRONTIS Doch da beginnt Medea honigsüß,
  Mit Hilfe ihrer Gaben der Magie,
  Ein mächtges Zauberlied – schon falln dem Wurm
  Eins nach dem andern seine Augen zu,
  Das Rückgrat des gekrümmten Leibs erschlafft,
  Der Eisenfeder gleich, die sich bei Glut
  Entrollt. Die Windungen, sie lösen sich,
  So wie bei windstillm Wetter Welln am Strand.
MELAS Die Ohren fest mit Bienenwachs verschlossen,
  Um nicht zum Opfer ihrem Lied zu fallen,
  Klimmt Jason in den Baum, vorbei an Säcken,

In denen Menschenknochen klappern, bis
Im Wipfel dann das Goldne Vlies er findet...
FRONTIS Fest um die Schultern er das Fell sich bindet,
Er springt, steht vor Medea, kerngesund,
Und küsst vor Freud sie mitten auf den Mund.

Beide ab.

I.6

An einem Flussufer in Kolchis. Idas, Telamon, Jason und Medea auf der Flucht.

JASON Schnell!
IDAS Eine Frau an Bord bringt Unglück.
JASON Sie hat mich gerettet − und also auch euch.
IDAS Ich hab sie nicht drum gebeten.
TELAMON Was soll das arme Ding denn bei uns?
JASON Sie bleibt für immer bei mir und ich bei ihr.
TELAMON Ach so?
IDAS Das Goldne Vlies kommt nicht allein.
JASON Denk, was du willst, sie kommt mit. Schnell!

Idas und Telamon ab.

MEDEA Was wird aus meiner Schwester, ihren Söhnen?
JASON Das fällt dir ein bisschen spät ein.
MEDEA Sie wird bestraft. An meiner Statt. Für dich!
JASON Es tut mir Leid, aber wir haben schon für dich kaum
    genug Platz.
MEDEA Nimm sie dann mit und lass mich hier.
JASON Denkst du, sie wird ihre Söhne zurücklassen? Sei
    doch vernünftig!

MEDEA Ich sollte hier bei ihnen bleiben, um
   Das Los zu teilen, das sie bald ereilt.
JASON Wenn es das ist, was du willst…
MEDEA Und was willst du?
JASON Das kann ich für dich doch nicht entscheiden! Ich
   will, was du willst, Punkt. *Pause.* Kommst du mit, oder
   bleibst du hier? Entscheide dich! *Pause.* Wir müssen
   weg! *Küsst sie.* Ich seh dich beim Boot!? *Ab.*
MEDEA *schneidet sich eine Locke ab und legt sie auf den Bo-
   den*
   Chalkiope, mir Mutter, Schwester, Amme:
   Dich trag ich über Land und Meer mit mir –
   In einem Schrein, in meinem tiefsten Innern.
   Das kleine Heiligtum muss er mir lassen,
   Wenn seine Leidenschaft auch sonst schon alles frisst.
   Oh wär er nur, bevor dies Land er fand,
   Auf Felsen aufgelaufen, fern von hier,
   Zermahlen und zerstört mit Mann und Maus…
   Leb wohl denn, Schwester. Und mit dir dies Haus. *Ab.*
AIETES *mit Apsyrtos, begleitet von Chalkiope und ihren Söh-
   nen in Ketten* Medea!
   Wagst du dieselbe Luft nicht mehr zu atmen,
   Die uns mit Leben füllt – die dich geliebt?
   Sind wir dir widerliches Pack? Nun denn:
   So will ich dich beim Sonnengott verfluchen:
   Wer dich hinfort auch trifft, er oder sie
   Verdächtge dich auf immer des Verrats,
   Und wer nur je sein Fleisch mit dir verbindet,
   Bereu es ab der allerersten Nacht.
   Die Neffen solln für dein Verbrechen büßen…
CHALKIOPE Aietes, Vater! Hört mich an!
   Verurteilt mich. Gebt mir die Strafe, ich
   Hab alles dies geplant – drum lasst sie gehn.

AIETES Kennt die hier wer? Sie ähnelt mir. Wie heißen Sie,
　　　Gnä' Frau? Und welch bedauernswerter, armer Mann
　　　Hatt je das Unglück, Sie zu zeugen?
CHALKIOPE Mein Herr und Vater!
　　　Verfluchen ist nicht Euer Vorrecht bloß.
　　　Womit die eine Tochter Ihr verwünscht,
　　　Und was Ihr an der andern jetzt schon tut,
　　　Fällt morgen oder heut auf Euch zurück.
AIETES Welch schlimmres Elend kann mich denn noch
　　　　　　　　　　　　　　　　　　　　treffen?
　　　Zweimal gelangt ein Fremder in mein Reich,
　　　Zweimal nimmt er mein größtes Gut an sich.
　　　Hab keine Töchter mehr. Nur einen Sohn...
　　　Apsyrtos? Du, der letzte meines Stamms?
　　　Brich auf und führe meine Flotte an −
　　　Verfolg den Griechen, fang das Kind und bring
　　　Es wieder her − lebendig oder tot.
　　　Werd meinem Namen Ehre tun. Wenn nicht
　　　Als Vater, dann zumindest als Despot.

Alle ab.

ZWEITER AKT
II.1

Eine kleine Insel zwischen Kolchis und Griechenland. Telamon und Medea bei einem ärmlichen Lagerfeuer.

TELAMON Alles in Ordnung? Sitzt du gut? *Medea zuckt mit den Schultern.* Eine Tasse Wasser? Oder ein Stück Brot vielleicht? *Medea schüttelt den Kopf.* Nicht so stressen, Medea. Jetzt ist es nicht mehr weit. Das Schlimmste haben wir hinter uns. Nach dieser Insel wird das Meer ruhiger. Keine Stürme mehr, auch keine Gefahr mehr von Überfällen. Jetzt ist es nur noch ein Kinkerlitzchen.

MEDEA Die Flotte meines Vaters gibt nicht auf.

TELAMON Hab doch etwas mehr Vertrauen zu Jason! Wie er das schafft, ist mir ein Rätsel, aber er kriegt immer, was er will. Immer! Und die Einwohner von dem Kaff hier, die wickelt er auch noch um den Finger, wart's nur ab.

MEDEA Und du? Wickelt er dich auch um den Finger?

TELAMON *lacht* Was meinst du, warum ich hier sitze? Meilenweit weg von zu Hause, hungrig und erschlagen, völlig ausgepumpt? Und das Verrückte ist: Man kann ihm nichts übel nehmen. Er meint es immer ehrlich. Das fühlt man. Und dann schmilzt man dahin.

JASON *Auftritt, zusammen mit Idas*
Verdammtescheißenochmalverdammtescheiße…

TELAMON Oh, gute Nachrichten?

JASON Wenigstens haben sie mir zugehört.

TELAMON Oh Gott, ich ahn's: Aietes bietet ihnen das Goldene Fell an. Im Tausch gegen unseres?

JASON Das wagt er nicht. Selbst hier auf dieser Insel haben sie von der Probe gehört, und alle erkennen an, dass ich sie bestanden habe.

TELAMON Wo ist dann das Problem?

IDAS Mich brauchst du nicht anzugucken, ich hab gleich gesagt, dass wir Ärger bekommen.

TELAMON Womit?

JASON Er will, dass Medea hier bleibt. Bis jemand, der in dieser Gegend Recht sprechen darf, darüber entschieden hat, ob sie in die väterliche Gewalt zurück muss oder nicht. So lange hält sein Sohn die Insel umzingelt.

TELAMON Und die Eingeborenen?

JASON Die sind einverstanden.

IDAS Die haben eine Heidenangst.

TELAMON Und wer ist der Richter in diesem Kaff?

JASON Das weiß natürlich niemand.

IDAS So kriegt der liebe Schwiegerpapa uns doch noch dran. Wegen ihr.

MEDEA Jason?
    Darf ich dich kurz mal sprechen? Bitte – jetzt!

IDAS Mit so einem Vier-Augen-Gespräch kommen wir auch nicht von hier weg, junge Frau!

TELAMON Nur keine Panik, Mädchen. Lass uns zusammen drüber sprechen.

MEDEA Unter vier Augen. Ich und du. Allein.

IDAS Na, dann können wir ja gleich ganz abhauen!

TELAMON Ach, lass das Kind doch gehen.

IDAS Gehen? Kann sie von mir aus – so weit sie will!
    Beide ab.

MEDEA Welch prächtgen Plan heckst du da mit mir aus?
    Ich schwor den teuersten Verwandten ab,
    Vergaß Ehre und Pflicht – für wen? Für was?
    Um mutterseelnallein mich hin und her
    Schieben zu lassen – ein Problem, ein Klotz
    An eurem Bein, das fünfte Rad am Wagen!
    Wie hab ich das verdient? Ich lehrte dich,

Wie du die Stiere all besiegst, ja selbst
Der Schlangenkrieger Schar! Hab ich den Wurm
Dir nicht betört, damit du ungestört
Das Vlies im Blätterdach dir rauben konntst?
Durch meine Dummheit – dir zur Überraschung –
Gab ich mich bloß, umsonst, bedingungslos,
Und tat so allen Frauen Schande an.
Doch wage nicht, mich noch mehr zu entehrn!
Lass mich hier nicht zurück, verlass mich nicht…
Sag ja zu mir und nimm mich mit. Ich will fortan
Dir Schwester, Tochter sein und Frau. Ja! Weil
Ich nichts bin ohne dich. Und mit dir alles.
So wie du alles bist für mich, in einem –
Familie, Freunde. Hoffnung, Denken, Tod…
Lass dich nicht darauf ein, zu warten, bis
Ein falscher Richter hier sein Urteil fällt.
Der Spruch in diesem Scheinprozess steht fest!
Du wirst mich los, ich trag mein Los. Doch wie
Tret ich zuhaus vor meinen Vater hin?
Ich steh am Pranger dort. Bin Abfall. Dreck.
Sei mein Beschützer. Sei mein Tröster. Und mein Mann.
Ist das – vergib mir, dass ich wein – zu viel,
Dann gib mir lieber jetzt gleich hier den Tod.
JASON Medea, also wirklich! Beherrsch dich ein bisschen.
Du tust mir weh. Ich hab dir mein Wort gegeben – wie
kannst du denken, dass ich dich zu deinem Vater zurück-
schicken will? Wenn ich das gewollt hätte, hätte ich es
längst getan. Du darfst nicht so schnell in Panik geraten.
MEDEA Das ist nicht Panik. Das ist realistisch.
JASON Hängt ganz davon ab, was du realistisch nennst. Ich
versuche doch nur, etwas Zeit zu gewinnen. Wir sitzen
ganz schön in der Patsche! Und doch auch ein bisschen
wegen dir.

MEDEA Wegen mir!?

JASON Ganz ruhig… Ich sag ja nur: Die Inselbewohner denken, dass wir dich geraubt haben. Die haben ja keine Ahnung!

MEDEA Ist unsre Liebe dann so schwach gepflanzt,
Dass du nicht drüber sprichst noch dich
Ihr rühmen kannst?

JASON Medea… Warum bist du jetzt wieder so? So… aggressiv. Warum vertraust du mir nicht? Gut, vielleicht bin ich nicht so stürmisch in… in… – in meinen Gefühlsäußerungen. Das ist bei uns nun mal nicht so üblich. Und ich selbst kann das noch weniger. Ich bin mehr so der Typ, der… na ja… mit beiden Beinen fest auf der Erde steht. Ohne Firlefanz und Fiesematenten! Aber darum sind meine Gefühle nicht weniger tief. Verstehst du?

MEDEA Na klar. So heimlich ist die Leidenschaft,
Dass niemand sie bemerken darf, selbst ich nicht.

JASON Jetzt bist du schon wieder so! Warum nur? Ich –
Geb – Dir – Mein – Wort.
Küsst sie lange und leidenschaftlich auf den Mund.

MEDEA *gegen die Tränen kämpfend, macht sich los*
Ich bin nicht immer Herrin meiner Worte.
Geschliffne Sprache hab ich nie gelernt.
Ich red, wie mir der Schnabel steht: Ich beiß,
Ich stoß – und werd das nicht mehr los. Was andres kann
Ich nicht. Ich fauch, ich kläff. Und noch mehr jenen
Wohl gegenüber, die mir teuer, als
Bei denen, die mein Herz mit Hass erfülln.

JASON *lacht* Dann sorgen wir doch einfach dafür, dass du weiter beißt?

MEDEA In Ordnung.
Ich beiße dich. In alle Ewigkeit.
Sie küssen sich wieder.

JASON Vorläufig sitzen wir hier fest. Vielleicht sollte ich
doch mal mit deinem Bruder sprechen.
MEDEA Dich wird Apsyrtos nicht mal sprechen wollen.
JASON Einen offenen Kampf können wir nicht gewinnen.
Und dann fällst du ihm erst recht in die Hände.
MEDEA Um eine Kolcherstreitmacht zu besiegen,
Würd's einen Mann zu töten schon genügen.
JASON Warum sollte dein Bruder einem Duell zustimmen?
Bei seiner Übermacht? Denk doch mal logisch.
MEDEA Wenn ich zu einer Freistatt ihn hin bitte,
Um dort mit mir zu sprechen, wird er kommen.
Ganz nah hier liegt ein Tempel der Artemis,
Göttin der Jagd, der Keuschheit und des Tods.
Du legst dich auf die Lauer dort und dann…
Begleichst du unerbittlich deine Rechnung
Mit des Aietes Sohn. Wart nur, bis ich
Die Augen hinterm Schleier hab verborgen.
JASON Du willst, dass ich deinen Bruder umbringe?
MEDEA Was bleibt uns denn? Ich weiß sonst auch nichts
mehr.
Ein handgeschriebner Brief lockt ihn hierher.
JASON *Pause* Ich hab auch keinen besseren Plan.
MEDEA Ich schreib den Brief. Sorgst du für einen Boten?

Jason bedrückt ab.

MEDEA Ist dies mein Los, dass ich – zu all dem, was
Ich sonst schon Schändliches getan – mich nun
Zu einem Anschlag auf mein eigenes Fleisch
Und Blut verleiten lass? Es ist die Schuld
Der schlimmen Götter, die in meiner Brust
Die Lust nach Jason wie ein Krebsgeschwür
Entflammen lassen. Doch eins bitt ich sie:

Lasst dies die letzte meiner Sünden sein und…
Schirmt mir den Bruder vor unnötger Pein!
Ab.

II.2

Nachts im Tempel der Artemis.

APSYRTOS *Auftritt* Medea?
    Hier bin ich. Ganz allein, so wie du wolltest.
    Kein Mensch weiß, dass ich hier bin. Tja… − und weit
    Und breit kein Kolcher, außer dir und mir. *Pause.*
    Warum versteckst du dich denn, liebe Schwester?
    Ich bin's doch nur. Dein Brüderlein. Medea? *Pause.*
    Was kann mit List ich oder Zwang nur tun, dass du's
    Dir noch mal überlegst und mit mir kommst?
    Na los… Gib mir doch wenigstens die Chance,
    Ein allerletztes Mal mit dir zu sprechen.

Medea tritt auf ihn zu.

APSYRTOS Mein Gott!
    Du siehst genauso schön wie immer aus.
    Nur blasser − im Gesicht. Warum schlägst du
    Den Schleier vor die Augen − hast du Angst?
    Doch nicht vor mir, bestimmt? Ich bin so froh,
    Dass ich dich seh. *Pause.* Du fehlst mir so. Warum
    Lief alles so verkehrt? Komm heim. Es ist
    Noch nicht zu spät. Ich werd bei unserm alten Herrn
    Für dich ein gutes Wort einlegen − wie
    Auch du dann bitte für Chalkiope.
    Er will sie töten lassen! Du, er tobt −

Na ja, du weißt ja, wie das bei ihm ist?
Er rast und wettert und schreit Mordio –
Am lautsten gegen die, die er doch liebt!
Und du warst stets sein Augenstern, nicht ich.
Am liebsten hatten alle immer dich.
Wenn du den Mut aufbringst, zurückzukehren –
Dann ist er dir ganz schnell auch wieder gut,
Und alles wird von Neum wie früher, Schwester.
Ich säh dich so gern wieder bei uns sitzen:
Bei Tisch am Morgen, abends dann im Hain...
Und nachmittags gehn wir zusammen schwimmen,
Zwei Ottern gleich, die tummeln sich im Lenz.
Du hast mir's Springen beigebracht – und Singen!
Ich kann mit der Idee nicht leben, dass
Wir heut den letzten Kuss einander geben.

MEDEA *sieht ihn an* Apsyrtos, flieh! Lauf hin zu deinem Heer
Und zieh mit ihnen ab. Ich fleh dich an.

APSYRTOS Das geht nicht! Wie... wie sollt ich Paps dann
jemals wieder
Unter die Augen treten? Er ist auch schon so
Genug von Gott und aller Welt verlassen.

MEDEA Geh weg! Ich fleh dich an! Eh es zu spät ist!

APSYRTOS Ich bleib, Medea. Bis ich Antwort krieg.

Jason springt hervor und sticht ihn nieder.

MEDEA Nein!

APSYRTOS *sterbend, auf den Knien*
Medea? Was bedeutet das? Sieh her!
Mein Bauch klafft offen, blutet! Hilf mir doch!

MEDEA *zu Jason* Wo warst du nur? Ich bat dich, dich zu ei-
len.

JASON Ich komm gerade erst, es ging nicht schneller.

APSYRTOS *weint* Es tut so schrecklich weh, Medea.

MEDEA Zu spät sein – jetzt? Wie kannst du mir das antun?

JASON Ich bin auf einen Trupp Kolcher gestoßen, da hab
ich einen Hinterhalt befürchtet.

APSYRTOS Lass mich nicht liegen, sieh mich an – ich blute.

MEDEA Wie konntst du nur so pflichtvergessen sein?
Du hättest einfach früher kommen müssen!

JASON Es tut mir wirklich Leid.

APSYRTOS Ich kam allein, ich hatt nichts Schlechts im
Sinn.

MEDEA Erlös den Bub aus seinem Leiden. Schnell!

APSYRTOS Nein, nicht! Ich bitt dich. Lass mich leben! Du?…
Jason zögert; Apsyrtos kriecht auf Medea zu.
Selbst jetzt, Medea, geht es noch. Kehr um.
Ich werd es dir vergeben und *er* auch.

MEDEA So stich doch zu…

APSYRTOS Schau mich doch wenigstens noch einmal an.

MEDEA Los!

Jason sticht zu, Apsyrtos stirbt.

JASON *nach langem Schweigen* Es tut mir aufrichtig leid.

MEDEA Das hab ich nicht gewollt. Nicht das. Nicht so.

JASON Und jetzt?

MEDEA Ich hab sein Blut gesehn und seinen Blick.
Aufgrund des Orts – ein Tempel! – wiegt die Schuld
Noch schwerer. Nur die stärksten Rituale
Besitzen Macht, die Blutschuld je zu sühnen,
Die an uns klebt nach dieser Gräueltat.

JASON Welche Rituale? Welche, Medea! *Schüttelt sie.*

MEDEA Zunächst: Schneid drei noch blutge Stücke
– Erstlinge! –
Aus seinem warmen Leib und opfre sie –
Vermengt mit Goldstaub, Myrrhe, etwas Wein –
Der Göttin, deren Wohnung wir entehrt.

47

JASON Und dann?
MEDEA Dann leck, wie ich, an seinem warmen Blut.
   Dreimal. Und spuck es dreimal in den Sand.
   Damit wär unser Fluch schon halb gebannt.
JASON Und was bannt die andere Hälfte?
MEDEA Das kann nur eine einzge Frau allein –
   Sie lebt, wie es ihr heilger Stand gebeut,
   Alleine auf Aiaia, gar nicht weit;
   Als Klausnerin pflegt sie der Zauberei:
   Die Schwester meines Vaters. Tante Kirke.

Beide ab, Jason mit der Leiche des Apsyrtos.

II.3

Auf der Insel Aiaia, vor dem Haus der Kirke.

KIRKE *tritt auf mit einer Binde vor den Augen; wäscht sich*
   Kopf und Hände
   Kein Meer von Säure oder Salz wäscht je hinweg
   Was diese Nacht mich gräulich zittern ließ.
   Die Wände und die Türen hier im Haus
   Schienen von trübgewordnem Blut zu tropfen.
   Und blaue Flammenglut, ein giftig Feuer,
   Verzehrt' all meine Kräuter. Alle Krüge
   Mit Öl und Balsam barsten oder brachen
   Mit Düften, die nicht länger Heil und Lust
   Nein: Pech und Beulen weckten, wie die Pest.
   Versengt und halb erstickt kroch ich nach draußen,
   Doch fand ich dort noch größres Unheil vor.
   Die ganze Welt schien hoffnungslos verdreht,
   Von Tiern bevölkert, die nicht Tiere waren –
   Nein: Ungeheuer mit wohl dreizehn Köpfen.
   Und unter dem, was ihre Klaun sein sollten,

Sah ich den Sand, den Boden selbst verrotten.
Er riss mit Höllenlärm, wüst qualmend auf,
Zermalmend wie ein Maul die grause Schar.
Und so verschlang die irre Mutter Erde,
Was einst – ich selber auch – aus ihr entstand.
Schreckt auf. Wer da?
Tritt näher, komm herbei und lass dich sehn.
MEDEA *gefolgt von Jason* Ich bin's, Medea, Eure jüngste
Nichte.
KIRKE Wer ist der Grieche, der sich hier vor mir
So frech zu zeigen wagt, auch kam er wohl mit dir?
MEDEA Seid unbesorgt. Ein Freund. Er ist uns wohlgesinnt.
KIRKE Warum erscheinst du dann unangekündigt?
Enthüll den wahren Grund deines Besuchs.
MEDEA Ich hab nur ein Gesuch: Entsühnt uns, Tante.
Gewährt uns Reinigung an Geist und Seel.
Wenn nicht, verfolgt uns ewiglich ein Fluch,
Den er noch ich verdient noch gar gesucht.
Erteilt uns Euren Segen und wir gehn.
KIRKE Ich hoff nur, dass mein Traum nicht schon erzählt,
Welch ungeheurer Frevel euch so quält.
Legt Medea die Hände auf den Kopf; weint.
Oh Unglückliche…
Du wagst es, um Entsühnung mich zu bitten?
Mit dieser Sünde musst du lern'n zu leben.
Denn diese Schuld kann niemand dir vergeben.
Von mir hast du kein Arg zu fürchten. Als
Verwandte, Büßerin kamst du. Allein:
Verlass mich nun – sei die Begleiterin
Von diesem unbekannten Eindringling.
Doch klopf nie wieder flehnd an meine Tür.
Ich heiße deine Liebe niemals gut, noch stimm
Ich jemals zu, dass du dich mischst mit ihm.

JASON *stellt sich zwischen Medea und Kirke* Gnä' Frau? Geben Sie mir Gelegenheit, etwas zu unserer Verteidigung zu sagen. Medea liebt Sie. Sie verehrt Sie. Sie trifft keine Schuld. Ich fürchte, dass ich für alles verantwortlich bin, was mit ihr geschehen ist.

KIRKE Ihr Mut und Ihre Gradheit ehren Sie, mein Herr.
Ich hoffe, sie genügen, Sie zu schützen.
Adieu! Ich bitte Sie, sofort zu gehn.

IDAS *Auftritt mit dem Goldenen Vlies, gefolgt von Telamon*
Die Flotte der Kolcher hat Aiaia umzingelt!

TELAMON Aietes selbst führt den Befehl.

IDAS Und seine Forderungen sind noch genau die gleichen!

TELAMON Das Goldene Vlies soll uns gehören, aber das arme Kind muss vor Gericht.

IDAS Bloß: Wer ist in dieser gottverdammten Gegend der Richter?

TELAMON Er selbst, bestimmt.

IDAS Wir haben keine andre Wahl.

MEDEA *umschlingt Kirkes Knie* Oh Tante!
Trotzt meinem Vater – liefert mich nicht aus!
Was war mein großer Fehl? Ich folgte einem Wahn,
Der nach und nach erst umschlug mir in Sucht.
So folgte ich dem Fremdling bis hierher.
Doch ohne Ehr und Keuschheit zu verlieren!
Was Ihr auch denkt, und alle andern sagen:
Die Schmach, die meiner harrt, ist unverdient.
Der Gürtel meiner Unschuld ist noch rein. *Weint.*

KIRKE *zu Idas und Telamon*
Geht zu Aietes, meinem Bruder. Sagt ihm,
Dass in Aiaia niemand Recht spricht, wenn
Nicht ich. Mein Richterspruch nun lautet so:
Solang ein Mädchen unberührt, gehört

Sie ihrem Vater an. Teilt sie das Bett, mit wem's
Auch sei − ja!, trägt sie seine Frucht im Schoß,
Darf nichts und niemand sie vom Gatten trennen.
Zu Medea. So ist das, Kind. Das Recht folgt auch
Gesetzen. *Ab.*

JASON Idas, Telamon. Geht zu dem Despoten. Teilt ihm das
Urteil seiner Schwester Kirke mit.

MEDEA Nein…

JASON Und meldet ihm, dass ich seine Tochter soeben geheiratet habe. Sagt ihm, dass sie mein Bett teilt und
meine Kinder tragen wird.

MEDEA *nach einigem Schweigen* Dann sag es *mir. Sag* es!
Ich will's in deinen eignen Worten hören.
Schwör, dass du mich als Gattin in dein Haus
Führn wirst. Mit allen ehelichen Rechten.

JASON Okay. Du wirst meine Frau. In guten und weniger
guten Tagen. Und natürlich »mit allen ehelichen Rechten«. Jungs?

IDAS Verdammtescheißenochmalverd… *Macht sich missmutig auf den Weg.*

TELAMON Jetzt reg dich doch nicht so auf. *Folgt ihm.*

IDAS Ich reg mich nicht auf. Ich bin die Ruhe selbst.
Ab, zusammen mit Telamon.

JASON Was ist denn? Bist du nicht glücklich?

MEDEA Ich hätt so gerne noch gewartet. Stück für Stück
Wollt ich in Jolkos gründen unser Glück.

JASON Ich hatt es mir auch anders vorgestellt. Aber was
soll's? Wenigstens haben wir ein goldenes Brautbett.
Hand in Hand ab, mit dem Goldenen Vlies.

AIETES *kommt herbei, Apsyrtos' Leiche in den Armen*
Oh Sonnengott, wo ist dein strahlnder Blick?
Einst dreifach Vater, bin ich jetzt nurmehr
Der düstre Hüter von Verlust und Leere:

Das Kind, das ich am meisten liebte, hat
Das einzge Kind gemordet, das mich liebte!
Einst war ich reich und mächtig – respektiert –,
Doch dann verlor ich alles, was mir wert.
Zwei Töchter hatt ich, und auch einen Erben,
Ich wurd gerühmt, man nannt mich »Herrn des
Glücks«...
Zeigt seinen Sohn.
Ist dies dann Glück? Dass, neben all der Qual
Und Katastrophen, die ein jeder kennt,
Ein Vater seinen ganzen Stamm verliert,
Und ihn die Götter schlagen hart mit Pein,
Zu groß, damit zu leben, und zu klein,
Dass einem dann der Tod zum Tröster wird.
Ob Fürst ich bin, ob Narr, ob armer Wicht,
Dem bittren Schicksal hier entrinn ich nicht.
Was soll ich noch, wozu bin ich noch gut,
Was soll mein alter Körper tun, nachdem
Er den begraben und beweint hat, dem
Vor vielen Jahrn er selber half zur Welt.
Streichelt seinen Sohn, lächelt.
Ich seh noch vor mir, wie er blinzeln lernte,
Die ersten Worte, seinen ersten Schritt...
Nur einer kennt dies Elend alles nicht:
Wer niemals Kindern schenkt' das Lebenslicht.
Ab.

Vorhang.

Pause.

TEIL II

IN
DER
FREMDE /
ZU HAUSE

DRITTER AKT
III.1

Korinth. Vor dem beklemmend kleinen Haus von Jason und Medea. Alle möglichen Grau- und Dunkelblautöne. Die Dienerin.

DIE DIENERIN *kehrt vor dem Haus* Wär die gnädige Frau bloß nie hierher gekommen! Ich weiß nicht, ob sie schon so war, oder ob sie erst hier so geworden ist. Tatsache ist jedenfalls: Mit ihr ist schrecklich schwer auszukommen. Und merkwürdig ist sie obendrein. Andererseits wohnt sie jetzt doch schon seit ein paar Jahren hier, und was die Leute gern vergessen: Ohne sie wär Jason nichts. Irgendwie kann man ja verstehen, dass sie sich so anstellt. Sie ist ihm gefolgt, nicht umgekehrt. Einmal um die halbe Welt, alles hat sie zurückgelassen, ihre Heimat, ihre ganze Familie. Landet sie zuerst im groß angekündigten Jolkos. Und da stellt sich raus, dass von all seinen Versprechungen kein Wort wahr ist. Da steht sie dann – wo soll sie hin? Also lässt sie sich wieder mal verleiten. Wozu, da red ich jetzt lieber nicht drüber, aber den König da hat's seinen Kopf gekostet. Und wieder geht ein Plan in die Hose, wieder müssen sie fliehen. Und so landen sie hier. In Korinth. Kein schlechtes Wort über Korinth! Ordentliche Leute. Ordentliche Gegend. Da kann man sich als Frau noch auf die Straße trauen. Aber für sie bleibt es doch eben Korinth. Und dann stellt sich raus, dass die Ehe nicht mehr richtig läuft. Was sag ich – nicht mehr läuft? Da lauf ich eher von hier bis Marathon, als dass sich da noch was bewegt. Sie sind nicht füreinander geschaffen. Und was jetzt wieder passiert ist? – Das lässt die gnädige Frau sich nicht gefallen. Denn der gnädige Herr ist kein Unschuldsknabe. Der gnädige Herr geht fremd. Guten Geschmack kann man ihm nicht absprechen. Kreusa, die junge, schöne Tochter von König Kreon. Einziges Kind und mit einer Mitgift – nicht von schlechten Eltern! Zwanzig Jahre jünger als er, aber bis über beide Ohren verliebt. Wie er das macht – mir ein Rätsel, aber eh man sich's versieht, wickelt er einen um den Finger. Er meint ja alles so gut. Und er glaubt es auch noch selbst. Nur die gnädige Frau glaubt ihm jetzt etwas weniger. Sie schreit Zeter und Mordio. Über ihre geschändete Ehre, die gebrochene Treue. Es ist peinlich. Die Leute fangen an, sie zu meiden. Und sie ruft ihre Götter an. Die ganze Nacht, wenn's sein muss. Woher sie nur die Kraft dazu nimmt? Essen tut sie nichts, und wenn sie nicht betet, zerfließt sie in Tränen. Und wie sie in letzter Zeit immer ihre zwei Jungs anstarrt! Für die ist es am schlimmsten. Manchmal hör ich sie auch gegen die Kleinen wüten. Dann weinen sie. Heimlich. Ganz der Vater. Im nächsten Moment liegt sie vor ihnen auf den Knien, schluchzt und bittet um Verzeihung, knuddelt die Jungs fast zu Tode. Zwei so kleine Bürschelchen… – was da nur draus werden soll!?

DER SPORTLEHRER *Auftritt, zusammen mit den Jungen* Hast du nichts Besseres zu tun? Als dich hier draußen rumzutreiben?

DIE DIENERIN Ich halt's da drin nicht aus. Sie tut mir so Leid.

DER SPORTLEHRER Sie weiß nicht, was ihr noch alles bevorsteht.

DIE DIENERIN Was denn?

DER SPORTLEHRER Ich hab schon viel zu viel gesagt.

DIE DIENERIN Ich kann schweigen. Wie ein Grab.

DER SPORTLEHRER Jungs, geht schon mal im Garten spielen. Ich komm gleich nach!

Jungen ab.

DER SPORTLEHRER Sitzen eben ein paar Rentner im Schwimm-badcafé, vor sich 'n Tässchen Tee, kleines Stück Kuchen, und am Palavern, schön laut natürlich, sind ja alle schwer-hörig, ich muss es also mitkriegen. Sagt der eine zum an-dern: »Hast du's schon gehört?«

DIE DIENERIN Was denn?

DER SPORTLEHRER »Endlich lässt Kreon dieses kolchische Weib abschieben. Und ihre zwei Bälger.« Vielleicht ist es ja nur ein Gerücht. Aber ich schau mich doch schon mal lieber nach einer neuen Arbeit um.

DIE DIENERIN Und Jason lässt das so einfach zu? Die eignen Söhne aus der Stadt weisen, nur weil er Streit mit der Mutter hat?

DER SPORTLEHRER Aber so geht's doch? Neue Liebe, neues Leben! Was hat er denn von den beiden? Und sie von ihm? Solange dieses Weib immer in der Nähe ist und sie gegen ihn aufhetzt?

DIE DIENERIN Das überlebt die gnädige Frau nicht.

DER SPORTLEHRER Was wär ihr denn lieber? Dass sie ohne die Kinder ausgewiesen wird?

DIE DIENERIN Das wird ihr Untergang.

DER SPORTLEHRER Sie wird's noch früh genug erfahren.

Beide ab.

III.2

Im Haus. Medea.

MEDEA *in zerschlissener kolchischer Kleidung; klagt*
Weh mir. Ich kann nicht mehr. Es ist vorbei.
Das Ende naht, das Herz bricht mir entzwei.
Mein Leben war umsonst, nur Idiotie.
Behandelt werd ich schlimmer als ein Vieh!
Kein Mensch wurd seit dem Anbeginn der Zeiten
So tief gekränkt wie ich, mir bleibt nur klagen.
Doch himmelschreindes Unrecht muss ich leiden,
Jammer und Elend, Unglück schwach ertragen.
Verflucht die Brut der Mutter, der wie mir
Das Schicksal nichts als Leiden bringt. Verreck!
Du Fleisch von meinem Fleisch, mitsamt dem Vater,
Samt seinem ganzen Land und Stamm und Blut.

JASON *tritt dazu, unterdrückt wütend* Also wirklich. Jetzt
halt aber mal die Luft an. Wenn du wie ein vernünftiger
Mensch in aller Ruhe mit mir geredet hättest, anstatt
die Sache mit deiner Hysterie immer weiter hochzuko-
chen, hättest du hier bleiben können. Das wär für alle
das Beste gewesen. Denkst du, mir macht das Spaß?
Mach mich ruhig fertig, so viel du willst. Scheiß mich
zusammen. Ich bin's ja gewöhnt. Aber dass du so hirn-
verbrannt sein kannst, auch noch überall über Kreon
und seine ganze Familie herzuziehen?! Der Mann hat
hier was zu sagen. Er ist der König, verdammtnochmal!
Und dann wunderst du dich, dass sie dich abschieben.
Es ist deine eigene Schuld. Und was hab ich mir bei
ihm für dich noch den Mund fusselig geredet: »Lass
Medea bleiben, sie wird sich benehmen.« Aber du be-
harrst auf deinem Irrsinn, du musst ja unbedingt das

Königshaus bedrohen. Das heißt doch das Unglück auf sich herab beschwören?! Sie kennen dich, sie haben Angst vor dir. Du machst den Leuten Angst, und du tust alles, damit die Angst noch größer wird. Sei's drum, ich kann's nicht ändern. Aber ich will nicht vergessen, was du mir einmal bedeutet hast. Schlag du nur wild um dich, ich stell mich meiner Verantwortung. Was es auch kostet, ich werd dafür sorgen, dass es dir an nichts fehlt. Und den Jungen schon gar nicht. Es ist schlimm genug, dass ich sie – durch deine Schuld! – nicht werd aufwachsen sehen.

MEDEA Du feiger, plumper, hinterfotzger Sack,
Obwohl das letzte Wort bei Gott nicht passt
Zu einem, der von einem Mann so wenig hat.
Wie traust du dich denn überhaupt noch her?
Doch bin ich froh, dass du gekommen bist.
Hab ich dir doch noch allerlei zu sagen,
Und hoffe sehr, dass dich die Wahrheit trifft.
Was außer Zweifel steht, ist doch: Nur ich
Hab dich in Kolchis aus der Not gerettet.
Das Goldne Vlies bekamst du: nur durch mich.
Die Flucht vorm Heer gelang dir: nur durch mich.
Zurück nach Jolkos kamst du wieder: nur durch mich.
Und wer wurd dort am meisten zum Gespött?
Ich.
Wer hat denn Haus und Land verlassen? Ich!
Die Schwester dort im Stich gelassen? Ich.
Den Vater und den Bruder auch verraten? Ich.
Ist blind vor Liebe einem Hampelmann gefolgt,
Gutgläubig bis nach Jolkos mitgekommen? Ich.
Und wer fuhr da den Karren in den Dreck?
Ja – du!
Wer heulte wieder Rotz und Wasser? Du.

Wer bat mich einen Plan zu schmieden? Du.
Wer wollt den König dort ermordet haben
Und dann mit mir das Land regiern? Nur du!
Und wer durft hinterher dann wieder fliehen?
Wir!
Weint. Es fällt mir keine Schandtat ein,
Die ich für dich nicht schon begangen hätt.
Und nichts von Wert, das jemals ich besessen,
Das ich nicht hingegeben hätt für dich.
Und jetzt wirfst du mich weg? Für jüngres Fleisch?
Ich könnte dich ja grade noch verstehn,
Hätt ich dir keine Söhne schenken können.
Doch so? Du hast dein Wort der Treu gebrochen,
Mein'n Leib besudelt und mein Herz verätzt,
Die Lippen mir mit deinem Kuss entzündet –
Und willst mir helfen! Bravo! Sag mir – wo
Soll ich denn hin? Zu meinem Vater, ja?
Nach Jolkos zu des toten Fürsten Töchtern?
Die stehn bestimmt mit offnen Armen da!
Um deinetwillen find ich nur noch Hass
In jeder Stadt und jedem gottverfluchten Land,
Von hier bis in die ferne, liebe Heimat –
Und dort erwartet mich die größte Schand!
Lacht. Weiß deine Braut, was du mir einst versprachst,
Und sie von dir nun zu erwarten hat?
Die eigne Frau lässt aus dem Land er jagen,
Als Bettlerin, zwei Kinder im Gepäck!
Mein Gott! Warum lässt der Brillant sich auf
Den ersten Blick von Schlacke unterscheiden,
Doch nie beim Mensch, ob's Edelstein, ob Dreck!
JASON Herrgottnochmal! Ich mach einen nüchternen Vor-
schlag, und du fängst gleich wieder an, wie eine Furie
draufloszuwettern. Findest du nicht, dass du deine

Verdienste ein bisschen übertreibst? Du hast mir einmal geholfen, früher, vor langer Zeit, niemand streitet das ab, dafür bleibe ich dir auch dankbar. Aber haben meine Freunde und ich nicht wenigstens auch ein bisschen dazu beigetragen? Und darf ich nicht wenigstens diesen klitzekleinen Verdienst für mich in Anspruch nehmen: dass ich dich nicht auf einer von den Tausenden von Inseln, an denen wir vorbeigesegelt sind, einfach ausgesetzt habe? Wie meine Kameraden dauernd von mir verlangten? Ich hab mein Wort gehalten. So gut ich konnte. Aber du brauchst uns jetzt doch nur zuzuhören: Wenn das hier eine Ehe ist, dann ist jeder Bürgerkrieg auch eine. Da änderst du mit ewigem Rumheulen über früher auch nichts dran. – Oder nein, reden wir doch mal von früher: Könnten wir dieses idyllische Bild von deinem Land bitte endlich mal zu den Akten legen? Von Milch und Honig ist mir da nicht viel aufgefallen. Ich hab im Leben noch kein so trostloses Kaff gesehen. Und dein großartiger Vater hatte dich ganz schön unter der Knute, seine zwei Enkel sind nicht umsonst vor ihm weggelaufen, und deine Schwester kam mir auch nicht gerade glücklich vor. Du kannst verdammt froh sein, dass wir dich aus dem Scheißloch rausgeholt haben. Und soll ich dir mal was sagen? Du hast überhaupt nichts verloren. Du hast das große Los gezogen, indem du mir geholfen hast. Wir haben dich befreit! Jetzt lebst du hier, in einem zivilisierten Land, nicht länger bei diesen Barbaren. Du hast Kultur und richtige Gesetze kennen gelernt, statt immer nur Rohheit und Recht des Stärkeren. Hier wissen die Leute, wer du bist. Sie haben dich geehrt, sie hatten einen regelrechten Narren an dir gefressen, sie haben versucht, dir ein bisschen Kultur beizubringen. Und wenn du dir ein klein wenig mehr Mühe gegeben hättest, würdest du mir jetzt nicht so eine Szene machen. Dann hättest du sofort verstanden, dass das von meiner Seite ein ehrlicher Vorschlag zur Güte ist. Die beste Lösung für uns alle. Es muss was geschehen. So geh ich kaputt! Und du auch. Sieh dich doch an! Wie du aussiehst! *Weint.* Ich hab getan, was ich konnte, aber wir leben in einer Hölle, du und ich. Und die Kinder erst! Ich schäm mich in Grund und Boden. Ich kann nicht mehr. Aber lass uns Freunde bleiben. Ich will dich nicht verlieren. Ich werd noch mal zu Kreon gehen und ein gutes Wort für dich einlegen. Und die neue Ehe… begreif mich doch!… wird uns endlich die Möglichkeit geben, die Kinder so erziehen zu lassen, wie sie es verdienen. Wer arm ist, verliert seine Freunde. So ist es doch? Sie sollen das Land doch nicht wegen uns verlassen müssen!? Am liebsten sähe ich sie… jetzt hör mir doch mal zu!… neben ihren zukünftigen Halbbrüdern und -schwestern erzogen. Als Prinzen, wie es ihnen zusteht. Aber ich will dich auch dabei haben. Damit du siehst, wie gut unsere Jungs es endlich haben. Damit du ihr Glück teilen kannst. Ist das denn so schwer zu verstehen? Sei doch vernünftig! Die zwei bedeuten alles für mich. Aber ich möchte auch dich weiter in meiner Nähe wissen, ihre Mutter. Schon wegen all dem, was wir zusammen durchgemacht haben. Ich will keinen von euch dreien verlieren. Was ich wirklich will, ist eine Familie, ein großes Glück, wo keiner den anderen im Stich lässt, verstehst du? Ist das denn so verrückt? Aber dazu musst du aufhören, überall so herumzuwüten. Denn letztlich ist das doch alles nur Eifersucht, in ihrer niedrigsten, erbärmlichsten Form. Mein Gott! Manchmal wünschte ich, dass Liebe

und Kinderkriegen nichts miteinander zu tun hätten,
dann blieben der Welt eine Menge Probleme erspart.
MEDEA Wenn du nun wirklich so grundehrlich bist,
Warum verschwiegst du dann die neue Braut
So lang vor deinen Kindern und vor mir?
Warum sprachst du nicht früher dann mit mir,
Um mir den Nutzen der Verbindung zu erklärn?
JASON Ach – und dann hättest du keinen Aufstand ge-
macht? Wo du deine Wut jetzt schon nicht beherrschen
kannst?
MEDEA Nicht weil ich wüte, hast du uns betrogen,
Vielmehr, weil ja auch du nicht jünger wirst!
Ein Mann wie du lässt eine Frau wie mich
Dann eben stehn: als Mutter frühverbraucht
Und längst schon viel mehr Dienstmagd als Geliebte.
Dein Klotz am Bein, der grause Störenfried,
Die Fremde, ich, die du seit Jahrn schon miedest,
Bei allen neuen Plänen, die du schmiedest.
JASON Ich kann König werden, und endlich unsere Zu-
kunft sichern. Für unsere Jungs wird großzügig ge-
sorgt, solange sie leben. Welche Mutter würde verhin-
dern, dass ihre Söhne Prinzen werden können?
MEDEA Ach?
Du freist nicht die Frau, du freist die Krone?
Und weiß sie das auch schon… wie heißt sie gleich?
JASON Da lass ich mich nicht drauf ein, ich red nicht mit
dir über sie, sonst schnappst du mir vollkommen über.
MEDEA Das arme Mädchen hat nicht mal nen Namen?
JASON Du weißt genau, wie sie heißt! Reiß dich zusam-
men, dann kannst du bleiben, ich bin bereit, Unterhalt
zu zahlen. Verlang, soviel du willst.
MEDEA Ein Glück, das mich zerstört, verlockt mich nicht.
Und Geld, dass mich entehrt, das nehm ich nicht.

JASON Jetzt sei doch vernünftig! Überleg dir die Sache noch mal in aller Ruhe und schütt das Kind nicht gleich mit dem Bade aus.

MEDEA Ja, spotte nur! Du hast dein Glück gemacht.
Ich steh allein, verraten und verlacht.

JASON Das ist deine eigne Schuld, und von niemandem sonst.

MEDEA Bin ich's, die freit? Verstoß ich dich? Für wen?

JASON Du hast den König bedroht und verflucht.

MEDEA Du siehst in mir den Fluch. Für dich. Für uns.

JASON Ich kann nicht mehr. Ich hab wirklich getan, was ich konnte. Lieber lass ich meine Kinder mit dir gehen, als zuzulassen, dass sie zwischen dir und mir zermalmt werden. Ich werd meine Freunde bitten, dir beim Packen und Umziehen zu helfen. Und lass mich wissen, wie viel du von mir haben willst. *Bitteres Lachen.* Sei unbesorgt, ich werd nicht geizig sein.

MEDEA Geht's noch so schlecht, tut man nicht gut daran,
Nimmt man von einem Schurken Hilfe an.

JASON Ach, Medea… Ich kann's nicht ändern. Ich rufe deine Götter zu Zeugen, den Himmel, das Wasser, das Gras und was es sonst noch gibt, dass ich versucht habe, dich zurückzuhalten und dich sonst in allem zu unterstützen. Aber du schlägst alles aus. Dein Hochmut wird dir noch Leid tun. Kinder werden größer, weißt du. Und wenn sie erwachsen sind, sehen sie die Dinge oft ganz anders, als du ihnen einflüsterst, solange sie noch an deinem Rockzipfel hängen. *Ab.*

MEDEA *stampft mit den Füßen, ruft ihm hinterher*
Dann hau doch ab! Kriech zu der neuen Braut,
Du alter Bock, bevor die kranke Geilheit
Dir das Gemächt und Hirn total zerfrisst!
Bei allen Göttern: du magst wieder freien,
Doch eines Tags wirst du das bös bereuen. *Ab.*

III.3

Im Haus. Medea und die Dienerin.

DIE DIENERIN Möchten gnä' Frau ein schönes Tässchen Tee? *Medea zuckt mit den Schultern.* Oder einen Keks vielleicht? *Medea schüttelt den Kopf.* Ich will mich ja nicht einmischen, gnädige Frau... Aber ist es wirklich vernünftig, alle Leute so vor den Kopf zu stoßen? Es bringt Ihnen doch nichts. Die anderen kriegen ja doch, was sie wollen.

Kreusa tritt auf, modisch-chic gekleidet; Dienerin erschrocken ab.

KREUSA Jetzt gib mir doch eine Chance. Nein, schau nicht weg. Bitte. Es ist auch für mich nicht einfach. Alle haben mich davor gewarnt. Vater hat's mir sogar verboten. Er hat Angst, dass du mir was antust. Aber ich kann nicht glauben, dass du so bist. Was die Leute auch sagen, Medea. Lass uns miteinander reden. Ich habe nichts gegen dich. Es schneidet mir durchs Herz, dass ich dir wehtun muss. Ich kann mir vorstellen, wie du dich fühlst – was musst du von mir denken!? Und du hast allen Grund dazu, an deiner Stelle ging es mir genauso. Aber es ist nun mal so gekommen. Dabei hab ich mich lange mit aller Kraft dagegen gewehrt, Jason auch, echt wahr. Wir fanden, das geht einfach nicht. Wir sind einander ausgewichen. Echt monatelang. Aber unsere Liebe war zu stark. Jason ist aber auch so ein Schatz?! Und wegen ihm bin ich gekommen. Denk noch mal über deine Entscheidung nach. Er geht daran kaputt. Und ich fühl mich auch schlecht dabei. Wir wollen dich nicht im Stich lassen. Und denk auch an die Jungs! Das sind doch zwei so goldige Kerlchen. Mach sie nicht zum Opfer. Ich versteh mich so gut mit ihnen. Und sie mit mir. Echt zwei super Jungs! Und sie sind ihm so ähnlich! Er würde alles für sie tun, sie sind ihm das Liebste auf dem ganzen Erdball. Da komm selbst ich nicht gegen an. Aber du liegst ihm auch am Herzen. Täusch dich nicht. Er kann so begeistert von dir erzählen! Darüber, was du alles für ihn getan hast. Ich bin richtig eifersüchtig auf dich, dass ich ihn nicht kennen gelernt habe, als er noch jünger war. Und wenn er dann erzählt, wie alles schief ging, liegt er fast jedes Mal heulend in meinen Armen. Du bedeutest ihm schrecklich viel, Medea. Sei vernünftig und bleib. Ich werd mit meinem Vater reden. Er macht deine Ausweisung rückgängig, wenn ich ihn darum bitte. Mir kann er nichts abschlagen. Sag ja!

MEDEA Ach so?
Er spricht von mir? Hat er erzählt – sei's nun
In deinen Armen oder nicht – wie wir
Den Fürst von Jolkos um sein Leben brachten?
Die Töchter haben ihm auf meinen Rat
Ein drastisches Verjüngungsbad gegeben:
Sie kochten ihn in Stücken auf dem Herd.
Hat Jason auch erzählt – egal, ob's nun
Im Bett oder beim Frühstück war – wie wir
Den Mord an meinem armen Bruder sühnten?
Wir aßen sein noch warmes Fleisch und Blut.

KREUSA Hab ich dich verletzt? Das tut mir Leid.

MEDEA Ich kämpfte gegen meinen eignen Vater,
Um Jasons willn verließ ich Heim und Land –
Du Modepüppchen wickelst deinen ein,
Und kriegst zum Lohn dazu noch meinen Mann?

KREUSA Sie hatten Recht. Ich hätte nicht kommen sollen.

MEDEA Du bleibst! Ich hab mir dein Geplapper angehört,
Hab nun den Mut, auch meine Antwort anzuhören.
Wie kommst du nur zu der Verwegenheit,
Dass du vor mir in meinem eignen Haus
Über mein Unglück jubelst, das dein Glück bedeutet.
Und ist es Albernheit, ist's Grausamkeit, dass du
Die Wunden anpreist, die du selbst mir schlägst?
Weint. Warum muss ich mein Unglück doppelt leiden,
Kommst du noch her, dich an mei'm Schmerz zu weiden!?

KREUSA So hab ich das nicht gemeint. Es tut mir Leid.
Umarmt sie.

MEDEA Kein Mund von Mensch noch Tier war seit dem
seinen
So sehr imstand, mich bis aufs Blut zu reizen.
Wenn ich in seinen Armen lag – sei's Nacht,
Sei's Tag – verlor ich den Verstand und dacht,
Das Weltall wollte mich mit sanfter Macht
Doch ohne Chance auf Widerstand zerreißen.

KREUSA Genau, ja.

MEDEA Kreusa, ach… Wie wir hier beide stehn…
Lächelt. Du könntst die Herzensfreundin sein,
Die ich in diesem Land nie finden durft.

KREUSA *lächelt* Na klar.

MEDEA Und was verhindert es? Ist's Alter? Schönheit?

KREUSA Ach… Es kommt nun mal, wie's kommt.

MEDEA Nein, nein! Denn…
Kaum sprießt auf seinem Kinn das erste Haar,
Ist jeder Mann – ob edel, ob Barbar –
Der Sklave dessen, was die Lenden ihm diktiern.
Kein Vieh, nicht mal ein Esel, läuft wie er,
So gierig seiner Möhre hinterher.

Für die groteske Hatz, dies Weh und Ach,
Erfindet er die lächerlichsten Worte,
An die er – während, vorher und danach –
Gar selber glaubt, als Antrieb seines Tuns.
KREUSA *lacht* Aber hallo! Weiß du, was mein erster Freund
sich bei mir geleistet hat!? Unglaublich! Männer!
MEDEA *lacht* Das eine Mal treibt ihn die hohe Pflicht,
Das andre Mal der Drang zum vollen Leben.
Dann plagt ihn die Vergeblichkeit des Seins
Und muss er diesen Menschheitsfluch bekämpfen,
Indem er sich ein neues Flittchen sucht.
Er nennt's »das ›Du‹ entdecken« und »Philosophie«.
KREUSA *nickt* »Ein Opfer«.
MEDEA   »Freundschaft.«
KREUSA   »Trost.«
MEDEA   »Philanthropie.«
Doch wird er nie – so sehr er ihm auch steht –
Den kleinen Freund beim wahren Namen nennen.
Der Mann ist von Natur aus ein Poet.
KREUSA Du bist wirklich eine ganz besondere Frau.
MEDEA Du auch, wenn du – so jung – mich schon ver-
stehst.
KREUSA Sprich weiter!
MEDEA Muss er mal Dampf ablassen, fehlt ihm was?
Er geht »zu seinen Kumpeln, quatscht sich aus!«
Das Meckern wird bei ihm zur Diarrhöe.
Doch äußert sie den Anflug von Kritik,
Schlägt er mit seinem Lieblingsspruch zurück:
Dass sie in Sicherheit in Haus und Hof
Die Zeit verbrächt mit Kochen, Waschen, Stopfen,
Während seine Welt »gefährlich« wär, jawohl,
Und er in Krisenzeiten kämpfen müsst...
Der arme Wicht!

Ich wagt mich eher in ein brennend Haus
Und lieber zög ich dreimal an die Front,
Als einmal noch nen Sohn zur Welt zu bringen.
Wenn Kinderkriegen Männerarbeit wär,
In hundert Jahren wär die Erde leer!

KREUSA Wie du mit Worten spielen kannst?! Und deine
Ausdrücke! So urig! *Seufzt.* Ich wollt, ich könnte auch
so reden.

MEDEA
Halt, halt – schweig still. Ich bin noch nicht am Ende.
Was kann die Frau dem Mann entgegensetzen?
Das schwache, unterliegende Geschlecht?

KREUSA Keine Ahnung!

MEDEA Sie muss nicht Worte machen, um zu sein.
Sie hat am Monde teil, an Sonn und Meer.
Sie ist die ganze große Welt in klein. *Macht sich los.*
Sie ist nur eines niemals: austauschbar.
Wer sie und ihre Leibesfrucht verstößt,
Der tritt das älteste Gesetz mit Füßen,
Und wird dafür mit bittren Qualen büßen.

KREUSA *Pause* Ist das wieder eine von deinen Drohungen?

MEDEA Ach Schätzchen, nein, ich brauch dir nicht zu
drohen:
Dein Unglück kommt ganz schnell von selbst zu dir.
Schnurrt er das nächste Mal in deinen Armen,
Denk daran, dass er schon mal jeden Satz
Benutzt hat eine andre zu umgarnen.
Noch die geheimste Zärtlichkeit, für dich
Angeblich reserviert, hat er bei Fraun
Gelernt, die er vor dir verleugnen würd.
Folg nur bei jeder schönen Frau, die je
Vorbeistolziert, mal seinen Blicken, ja:
Errat den schwülen Wunsch – und du wirst sehn:

Was er auch tut, er hat es schon getan –
Ein Weib verführen und ein Weib verstoßen.
Denkst du, du kämst nicht bald genauso dran?

KREUSA Ich bin in Freundschaft gekommen. Ich will mich
nicht streiten.

MEDEA Ich kriegte wenigstens noch einen Mann.
Du kriegst ein Abziehbild, das Sparprogramm!
Dir kaum gewachsen, darf er trotzdem richten –
Sein Urteil kann dich jeden Tag vernichten.
Ein Fältchen, ein Gramm Fett, schon sinkt die Brunst.
Ein wenig Alltag – gleich verlierst du seine Gunst.
Die größte Schönheit, zu oft präsentiert,
Wird nach und nach von niemand mehr hofiert.

KREUSA Hör auf! Ich mach nur einmal einen Kniefall!

MEDEA Und deine Kinder – sollte's ihm gelingen,
Was in der Richtung noch zustand zu bringen,
Kriegen als Vater einen ausgebrannten Greis.
Doch er – nebst einer schönen jungen Frau?
Die Krone! Mitgift eines einzgen Kinds!
Die schlimmste Drohung schließlich siehst du hier.
Zeigt auf sich.
Wenn du bedenkst, was Jason mir beschert –
Was ist die Liebe von ihm eigentlich dann wert?

KREUSA Mein Gott! Was sie von dir sagen, ist eigentlich
noch geschmeichelt. Ich hatte eine gefährliche Furie
erwartet. Und was finde ich? Ein heulsusiges, ver-
brauchtes Fischweib. Du bist nicht gefährlich, du bist
krank im Kopf! Wie hat Jason es nur so lange mit dir
ausgehalten? Der Mann ist ein Heiliger. Hier gehört er
nicht her. Je eher du aus dem Land bist, desto besser.
Aber man darf nicht zulassen, dass du auch noch die
Kinder mitnimmst. Sollen die für dich büßen müssen?
Nur über meine Leiche. Ich werde Vater bitten, sie Ja-

son zuzusprechen – mir wird er nichts abschlagen.
Schönen Tag noch!
Ab.

MEDEA Den Mann, die Brut, das Haus, die Ehr, was will
Sie denn noch mehr? Die Haut vielleicht? Dass sie
Mich gerben und als Mantel tragen kann?
Ruft. Kein Weib raubt einer Mutter ihre Kinder!
Zu sich. Ich mach sie lieber tot, und mich dazu.
Doch nein. Das tät der Bande Freude machen!
Ich seh schon, wie sie sich ins Fäustchen lachen!
Durch mich von ihrm Problem befreit? Niemals!
Da töt ich lieber sie und lach sie aus!
Doch nein.
Allein wer noch am Leben ist, kann leiden.
Und drum, beim Sonnengott: Mein Mann soll leben.
Nur eines fehlt mir noch. Ein Fluchtweg nach
Der Tat. Dass man mich nicht, wenn ich ertappt,
Vor meinen Feinden zum Gespött noch macht.
Ab.

III.4

Vor dem Haus. Plötzlich viel Sonnenlicht und Farbe. Auftritt Ägeus, zögernd, suchend.

ÄGEUS Medea? Medea von Kolchis? Bist du hier?
MEDEA *Auftritt* Wer da?
ÄGEUS Ägeus. Der König. Von Mythilene. Erinnerst du
dich?
MEDEA Ja, schon. Recht vag. Doch mit Vergnügen. Nun?
ÄGEUS Du warst doch die leibliche Nichte von Kirke? Der
berühmten Frau? Von der Insel Aiaia? Und sagen sie
nicht, dass du die gleichen Gaben hast? Dann bitte ich

dich um Rat. Ich hatte so einen merkwürdigen Traum…
Als würde das Orakel zu mir sprechen. Etwas von höch-
ster Bedeutung.

MEDEA Hattst du es denn befragt? Was war es, sag?

ÄGEUS Ob ich noch Nachkommen erwarten darf.

MEDEA Du bist, nach all den Jahrn, noch kinderlos?

ÄGEUS Eine höhere Macht hat es so bestimmt. Mein Leben
hat seither kein Ziel und keinen Sinn.

MEDEA Und – gab das Traum-Orakel dir nun Antwort?

ÄGEUS Ja. »Des Weinschlauchs Ende, Ägeus, löse nicht, bevor du heimkehrst in des Vaters Haus und Land.«

MEDEA Warum bist du dann hergekommen, sag?

ÄGEUS Um nach Hause zurückzukommen, muss man erst
mal weggehen. Darum.

MEDEA *lächelt* Du brauchst mein'n Rat nicht, Ägeus. Noch
viel Glück.

ÄGEUS Viel Glück? Du siehst so traurig aus. Was ist?

MEDEA Mein Mann – er freit aufs Neu, als gäb's mich nicht.

ÄGEUS Wie das?

MEDEA Als wie ein irrer Stier, so blind vor Gier.

ÄGEUS Und wen?

MEDEA Das Töchterlein des Fürsten dieser Stadt.

ÄGEUS Und du? Sag alles mir.

MEDEA Ich werd verbannt. Die Buben bleiben hier.

ÄGEUS Was für ein fluchenswerter, unglaublicher Skandal.

MEDEA *kniet, hält ihn fest* Oh, Ägeus.
Ich bitt dich auf den Knien, bei der Macht,
Die dich durch deinen Traum herkommen ließ:
Hab Mitleid, König. Lass nicht zu, dass ich
Ganz schutzlos bleib, wenn sie mich hier verjagen.
Nimm mich in deinem Land und Hause auf –
Ich kann dir reichen Kindersegen bringen.
Ich kenn dazu die richtge Medizin.

ÄGEUS In Ordnung. Unter einer Bedingung. *Streichelt ihr über den Kopf.* Du darfst mich jetzt nicht begleiten. Auch ich bin fremd hier. Ich darf das Gastrecht nicht schänden. Gesetze und Protokoll muss ich respektieren. Ich gebe dir gern Asyl. Aber du musst selbst zu mir kommen.

MEDEA Bist du bereit, darauf dein Wort zu geben?

ÄGEUS Misstraust du mir?

MEDEA Verzeih, doch meine Feinde hier sind mächtig,
Und alle andren haben mich verraten.

ÄGEUS Wobei soll ich schwören? Bei meiner Ehre?

MEDEA Ja. Und der Erde. Bei meinem Ahnherrn auch,
Der Sonne. Schwör bei allen unsern Göttern.

ÄGEUS *lacht* Einverstanden. Ich gebe dir mein Wort.

MEDEA Was ist die Strafe, wenn den Eid du brichst?

ÄGEUS Das Los, das alle Gottesfrevler trifft. In Ordnung so?
Na, denn, auf Wiedersehen. Ich sehe dich. In Mythilene.
Ab, nach einem letzten Streicheln.

MEDEA Ihr habt mich lang genug getriezt jetzt und
verlacht!
Jetzt treff ich Jason mitten ins Gesicht:
Die Braut muss büßen, grad wie der Despot.
Und dann stoß ich den Dolch in Jasons Herz:
Ich werde seine Kinder ihm ermorden.
Warum sie schonen? Ich bewahr sie vor
Weit größrer Schmach: ein Leben ohne Mutter –
Als Vormund einen Vater, der nichts taugt,
Und jedes Jahr dann eine andre Braut!
Ich hab das Recht, das die Natur verlieh:
Sein Stamm begann in mir? Er endet hier.
Ich kann nicht mehr zurück. Jetzt oder nie.
Ab.

VIERTER AKT
IV.1

Korinth. Vor Jasons und Medeas Haus. Licht und Farbe wie in vorheriger Szene.

JASON *Auftritt, mit Medea* Du hast dich wie eine Besessene
   aufgeführt, aber ich will dir noch ein letztes Mal zuhö-
   ren. Mach's kurz.
MEDEA Vergib mir, Jason, was ich zu dir sagte –
   Begreif die wahren Gründe meiner Wut:
   Sie ist normal für eine, die nie lernte,
   Sich klüglich zu beherrschen, und die plötzlich
   Die Liebe und den Mann verliert. Doch nun
   Ging ich mit mir zu Rat – und geb dir nach, wie stets.
   Es war gemein, höchst dumm und ungerecht,
   Grad' gegen die zu toben, die doch nur
   Das Allerbeste wolln und für mich tun.
   Ich stimm dir jetzt in allem völlig zu:
   Die Allianz mit König Kreons Haus?
   Ist ideal! Das war's, was uns noch fehlte.
   Anstatt mich blöd zu sträuben, hätt ich dir
   Mit Rat und Tat zur Seite stehen solln,
   Die neue Braut bei Schnitt und Naht des Kleids
   Beraten – ach! – ihr bunte Blumen streun,
   Das Brautbett eigenhändig für sie schmücken
   Und dann ins Ausland friedlich mich zurückziehn solln.
   Doch tja, du kennst mich, so bin ich nun mal:
   Liegt mir was auf der Seele, muss es raus,
   Und fliegt mir auch gleich alles um die Ohren…
   Doch zahl's mir bitte jetzt nicht einfach heim –
   Du warst doch stets der Klügere? Sei gut!
   Ich hab's mir überlegt – zähm deine Wut,

Und sei auch du nicht länger bös mit mir. *Pause.*
Wo seid ihr, Buben? Kommt nach draußen, rasch!
Und gebt dem Papa mal nen dicken Kuss!

SOHN 1 *Auftritt, mit Bruder* Warum?

MEDEA 'S ist alles nun vergeben und vergessen.

SOHN 2 Ist er nicht mehr böse?

MEDEA Er streitet nicht mehr mit der Mama, nein.

SOHN 1 Warum?

MEDEA Weil er mit Mama nicht mehr böse ist.

SOHN 1 Und du?

MEDEA Ich hab den Papa wieder ganz doll lieb.

SOHN 1 Warum?

MEDEA Schau her – so: Friede, Freude, Eierkuchen!

SOHN 2 Was ist das: Eierkuchen?

MEDEA Los, gebt dem Papa mal nen dicken Kuss.

Die Kinder fallen ihm um den Hals.

MEDEA Ach, schau doch bloß… gleich drücken sie dich tot!
Man darf gar nicht dran denken, wie blitzschnell
Die Kinderzeit und -freud vorüber ist.
Eh man sich's recht versieht, sind sie schon groß.

SOHN 2 Was ist denn, Mama?

MEDEA Es ist schon gut, mein Schatz. Ich muss bloß weinen.

SOHN 1 Warum?

MEDEA Die Mama freut sich so. Wir vier zusammen –
Wieder vereint! Wer hätte das gedacht?

JASON Du machst mich so froh, Medea. Hierauf hatte ich
gehofft. Deine Wut verzeih ich dir gern. Es ist für niemanden einfach, wenn plötzlich was wegbricht, worauf
man sich verlassen hat. Umso mehr bewundere ich deinen vernünftigen Entschluss. Aber was soll jetzt mit

den Jungen werden? Mir wäre es am liebsten, sie würden hier erzogen. Hier haben sie die besten Chancen.
Erst recht, wenn sie größer sind. Kreusa hat ihren Vater schon in der Richtung bearbeitet. Ich verstehe, dass
es dir schwer fällt, aber wir müssen darüber reden, es
tut mir Leid.

MEDEA Mir auch. Tja, – meine neue Nüchternheit
Ist ab und zu doch schwächer als der alte Schmerz –
Ich trug sie beide unter meinem Herz.
An ihre Zukunft denken, tut mir weh.
Doch ach! Was für sie gut ist, muss ich tun.
Holt Kleid und Diadem hervor.
Lass sie dies Kleid und dieses Diadem
Der Braut Kreusa zum Geschenk darbringen,
Zum Zeichen, dass ich mich mit ihr versöhn.

JASON Das ist nun auch wieder nicht nötig. Ist das echtes
Gold? Und warum so ein kostbares Kleid?

MEDEA Was ist denn falsch an einem Brautgeschenk?

JASON Das ist übertrieben, das kannst du nicht machen.

MEDEA Die Frau, Prinzessin oder nicht, die ein Geschenk
Von Gold ablehnt, muss noch geboren werden.

JASON Das arme Kind wird sich beschämt fühlen. Denkst
du, dass sie nicht selbst genug Geld und Kleider hat?

MEDEA Ach, darum geht's doch nicht! Es ist die Geste!

JASON Was ist das jetzt wieder für ein Unsinn: »die Geste«!

MEDEA Das fühlt man oder fühlt man eben nicht,
Das kann man dir auch nicht erklärn! – Du fragst
Bei allm, was du nicht gleich verstehst, bloß immerzu:
»Ja, meinst du dies?« Und: »Meinst du das?« Das fühlt
man!

JASON Es geht hier doch nicht darum, was du fühlst? Es
geht darum, was es für andere bedeutet.

MEDEA Das Kleid hab ich mit eigner Hand genäht!

Der Schmuck hier ist ein Erbstück meiner Väter,
Das sie erhielten von der Sonne selbst!

JASON Was hat sie davon? Sie ist nicht materiell einge-
stellt. Ich allein bin ihr genug. Dass du dich mit ihr ver-
söhnst, ist für sie die größte Freude.

MEDEA Ich will es so! Es ist mein Brautgeschenk!
Du gehst mit deinen Söhnen zum Palast
Und lässt sie es der Braut dort übergeben!
Sag ihr, ich bät sie um Verzeihung für all das,
Was ich im Ungestüm ihr fälschlich angetan.
Und sag ihr, es sei absolut mein Wunsch,
Dass meine Söhne von heut an ihr Schicksal teiln,
Samt dem ihrs Vaters und ihrs ganzen Stamms.
Ab, ins Haus.

JASON *kniend* Na, Jungs? Wolln wir das dann mal machen?

SOHN 2 Was?

JASON Ein Geschenk überbringen.

SOHN 1 Für mich?

JASON Von Mama.

SOHN 1 Für mich?

JASON Für die neue Mama. Ja?

SOHN 2 Ja!

JASON Wer zuerst da ist! Kommt!

Sie rennen davon, die Kinder johlen.

IV.2

Vor dem Haus. Medea.

MEDEA Kein Tier in der Natur verschlingt sein Balg –
Wie tötet eine Mutter dann ihr eignes Kind?
Der Blick voll blindem, seligem Vertrauen,
Die Ärmchen, die sie mir entgegenstrecken –
Wenn ich das seh, wird mich die Tat nicht schrecken?
Die weiche Haut zwischen den Schulterblättern,
Das runde Bäuchlein, das sich wehrlos wölbt,
Das so verletzlich-weiche Nabelknöpfchen,
Das zarte Köpfchen auf dem schlanken Hals...
Ich kann es nicht. Der Mut wird mich verlassen.
Soll ich, um Jason bloß recht tief zu treffen,
Mir selber doppelt bittres Leid antun?
Nichts mehr von diesen Plänen!
Ich kann sie nicht ermorden und beweinen...
Ohne die Buben geh ich nicht nach Mythilene...
Was fasle ich?
Bereit ist alles – und jetzt plagt mich Feigheit?
Will ich mich denn noch frech verhöhnen lassen
Von den Verrätern, die mir feige drohn?
Das nie! Jetzt gibt es keinen Weg zurück,
Das Räderwerk des Schicksals ist in Gang.
Kann ich nicht fliehen, werd ich halt ermordet.
Doch nie lass ich die Buben hier als Beute
Der Feindesmeute zum Geschenk zurück.
Das nie!
DIE DIENERIN *Auftritt, mit den Söhnen*
Was für ein prächtiges Kleid gnä' Frau da verschenkt
haben. Und das Diadem erst! Da hat Ihr Herz geblutet,
nehme ich an. Die Prinzessin war im siebten Himmel.

Und dass Sie jetzt auch bereit sind, ihnen die Jungen zu lassen! Das ist aber auch das Beste! Wir kommen schon mal ein paar Sachen holen, den Rest pack ich morgen ein und bring ihn rüber. Ich darf auch mit in den Palast!

MEDEA *stellt sich zwischen ihre Söhne und die Dienerin*
Du lässt sie hier, und dann scher dich davon!
Ihr Buben? Rein mit euch. Mama kommt gleich.

Jungen zusammen ab ins Haus.

DIE DIENERIN Aber… Kreusa hat mir aufgetragen…
MEDEA Du hast gehört, was ich gesagt hab. Pack dich!
Lässt sie nicht ins Haus.
DIE DIENERIN Jetzt mach Sie doch nicht alles noch komplizierter, gnä' Frau. Sie sind weder die erste noch die letzte, die sich von ihren Kindern trennen muss. Man muss sich bescheiden können, auch im Unglück.
DER SPORTLEHRER *Auftritt* Medea? Das wirst du büßen! Diesmal bleibst du nicht ungestraft!
DIE DIENERIN Was ist denn geschehn?
DER SPORTLEHRER Sie hat es kaltblütig geplant.
MEDEA Erzähl's mir, Mann, haarklein in aller Pracht.
Und ist er wüst und grausam, dein Bericht,
So hast du mich erst richtig froh gemacht.
DIE DIENERIN Warum sagst du nichts?
MEDEA *lacht* Dem Schlappschwanz graust's, er macht sich in die Hose!
DER SPORTLEHRER In Kreons Palast! Da ist es passiert. Alle waren bester Stimmung, als Jason mit den Jungen ankam. Man dachte, dass zwischen ihm und dir alles geklärt wäre. Man wünscht ihm Glück, die Jungs werden geknuddelt. Der Prinzessin steigen die Tränen in die Augen, als sie ihr dein Geschenk übergeben. Sie packt

es aus und bedankt sich tausendmal. Aber sie hält sich zurück, sie will nicht damit prahlen. Sie wartet, bis Jason sich mit einem Kuss von ihr verabschiedet hat – um noch was für die Hochzeit zu regeln... Sie wartet, bis ihr Vater in seine Arbeitsräume gegangen ist, bis sie *mit einer Kopfbewegung zur Dienerin* mit den Jungen zur Tür hinaus ist... So lange verkneift das arme Kind sich die Ungeduld. Aber kaum sind alle draußen, da zieht sie sich das glitzernde Kleid an und setzt sich das Diadem auf den Kopf. Ein Dienstmädchen und ich, die nebenan gerade das Kinderzimmer einrichten, sehen durch die offne Tür, wie sie vor dem Spiegel steht und strahlt. Sie ordnet ihre Frisur, dreht immer wieder den Kopf, nickt und lacht sich im Spiegel an, als wolle sie mit sich selbst flirten. Doch wenn das Spiegelbild auch jede ihrer Bewegungen mitmacht, es ist bloß eine schwache Kopie. Wie das Mädchen dasitzt und strahlt! Sie legt die Haarbürste beiseite, steht auf, breitet die Arme aus und tanzt. Was sag ich – tanzen? So zierlich und federleicht gleitet sie dahin, man könnte meinen, sie schwebt. Und dauernd schaut sie in den Spiegel, als müsse sie sich vergewissern, ob Kleid und Diadem ihr immer noch stehen. Immer schneller dreht sie sich, außer sich vor Freude. Und plötzlich passiert's. Sie stockt mitten in der Bewegung. Sie wird bleich, steht da mit offenem Mund und starrt in den Spiegel, auf ihr entsetztes Ebenbild. Dann röchelt sie, schwankt und fällt rückwärts auf einen Stuhl. Wir laufen zu ihr, um zu helfen, aber als wir bei ihr sind, kommt ihr schon weißer Schaum aus Nase und Mund. Das Kammermädchen kreischt und rennt weg, um Hilfe zu holen. Ich steh stocksteif da. *Weint.* Dann will ich ihr wenigstens die Hand auf die Stirn legen, aber kurz bevor ich sie berühre, stößt mir das arme Mädchen doch einen Schrei aus!? Sie reißt die Augen auf. Ihre Pupillen bluten. Und noch ist das Unglück nicht genug. Das Diadem knistert und geht in Flammen auf, eine blaue Stichflamme, ganz unnatürlich. Auch ihr Kleid fängt an zu brennen. Es klebt wie ein glühendes Vlies auf ihrer weichen Mädchenhaut. Von Kopf bis Fuß in Flammen, springt sie auf. Sie wirft den Kopf hin und her, als wollte sie ihren Schmuck abschütteln. Aus den blonden Locken stieben die Funken, der Gestank ist kaum auszuhalten. Aber der goldene Reif sitzt felsenfest auf ihrem Kopf. Sie irrt hin und her, als wollte sie den Flammen entfliehen. Sie fällt auf den Marmorfußboden, das Gesicht schon halb weggefressen und verkohlt, aus den Augenhöhlen tropfen Blut und Schleim. Das Kleid hängt ihr in Fetzen am Körper, durch die Löcher tropft das Fleisch von den Knochen wie brennendes Harz… Kreon kommt ins Zimmer gelaufen. Er fällt schluchzend auf die Knie, nimmt die Leiche in die Arme. Er küsst sie, spricht ihr beruhigend zu, als könnte sie ihn noch hören. »Mein Kind,« sagt er, während er sie hin und her wiegt, »womit hast du das verdient, so zu sterben? Warum muss ich noch leben? Lass mich nicht allein.« Aber als er mit Kreusa in den Armen wieder aufstehen will, hält das Kleid ihn wie mit Schraubstöcken am Boden fest. Auch an ihm kleben Kleiderfetzen. Er will sie abschütteln, zuerst noch ganz ruhig, dann immer hektischer. Doch je mehr er versucht, sich freizukämpfen, desto mehr verfängt er sich. Die Fetzen schlingen sich um ihn wie Efeuranken um eine Säule. Sie ziehen ihn auf den Boden, immer dichter auf die Leiche seiner geliebten Tochter. Er heult und flucht und jammert. Ich wage nicht, ihm zu helfen. Was hätte ich tun sollen?

Wenn er sich mit dem Fuß dagegen stemmt, zieht das Kleid ihm das Bein weg. Arbeitet er sich mit aller Kraft ein bisschen frei, reißt seine Haut in Fetzen. Es passiert vor meinen Augen! Das Fleisch wird ihm von den Knochen gerissen. So wird Kreon von dem Kleid erwürgt und umschlossen. König und Tochter im Tod vereint von einem mörderischen Spinnennetz... Das hat niemand verdient. Das bleibt nicht ungestraft.

MEDEA Was schaust du mich so an? Frag meinen Mann – Vielleicht, dass er dir das erklären kann!

DER SPORTLEHRER Wie kann ich weiter leben, nach so einer Katastrophe? Wörter, Tränen, Flüche – alles zu schwach. Ein größeres Unheil als das hier kann niemand anrichten.

MEDEA Ich kenne eins, das Jason tiefer trifft
Als selbst der Tod von diesem blonden Gift.

DIE DIENERIN *nach einer Pause* Nein... Ich fleh Sie an. Nicht die Jungen.

DER SPORTLEHRER Die Jungen?

DIE DIENERIN Kreon und Kreusa können Sie wenigstens noch was vorwerfen. Aber was können die armen Würmer dafür?

DER SPORTLEHRER Mein Gott, die Jungen... Jason? Wo ist Jason!? *Stürzt davon.*

MEDEA Ich hab das Königshaus der Stadt mit Stumpf
Und Stiel vernichtet. Was glaubst du? Krieg ich
Ein Denkmal, oder komm ich aufs Schafott?
Und denkst du denn, ihr Rachedurst bleibt stehn
Bei einem fremden Weib, das man für irre hält?
Wenn schlimmre Hände als die meinen drohn,
Die Buben zu bestrafen, mir zum Hohn,
Töt ich, die sie gebar, sie lieber selbst.

DIE DIENERIN Sie haben die Sache in der Hand. Tun Sie's nicht. Gönnen Sie sich ein bisschen Frieden für den Rest Ihres Lebens, so schnell es vielleicht auch vorbei ist.

MEDEA Ich hab kein Leben, keinen Frieden hier.
Wenn ich verderbe, sterben sie mit mir.

DIE DIENERIN Sie brechen also alles hinter sich ab? Na gut, dann lass ich Sie allein. Hiermit will ich nichts mehr zu tun haben. *Ab.*

MEDEA Nicht schwach sein jetzt. Na los! Nur zu! Schalt die Gedanken aus, was zögerst du? Stähl dir
Dein Herz, ergreif den Dolch – und tu's. Danach
Kannst du dein ganzes Leben lang noch trauern.
Geht ab ins Haus.

IV.3

Vor dem Haus.

JASON *stürmt herbei; tritt und trommelt gegen die geschlossene Tür* Wo bist du? Ich kenn dich doch, du durchgeknalltes Weib! Du bist nicht weg, und du bist nicht tot. Komm heraus! Warum solltest du fliehen oder dich aufhängen? Das ist die Stunde deines Triumphs! Komm heraus und genieß ihn! Schau, wie ich hier steh in meinem Elend, und schwelg in deinem Sieg. Ich hab nichts mehr. Es ist dir endlich gelungen, du hast gewonnen. Kein Mensch hat den Wahnsinn und die Mordlust je so weit getrieben. Bist du jetzt zufrieden? Nein, das bist du nicht. Komm heraus und genieß deine Glorie. Das ist doch, was du willst. Hier bin ich. Lach mich aus. Wo bleibst du denn mit deinem verdammten großen Maul?

Scheiß mich zusammen und lass dir von mir den Kopf einschlagen, bevor die Bürger von Korinth es tun. Das willst du doch, oder nicht? Darauf läuft doch alles hinaus: Ich, dein Henker! Selbst das muss ich in deinem erbärmlichen Leben noch für dich tun. Mit Freuden diesmal. Na? Worauf wartest du noch? Seit wann keifst du nicht mehr zurück?

Die Tür öffnet sich; Jason weicht zurück; Medea erscheint in einem schicken schwarzen Kleid korinthischen Schnitts; er sieht sie ungläubig an.

JASON Du erbärmliches, pathetisches, altes Weib! Was soll das? Als könnte dein Aufzug irgendwas ändern! Sieh dich doch an, du Aas! Und mach dir endlich klar, was du angerichtet hast.

MEDEA *leise* Ich will doch nur, dass du mich liebst.

JASON Wie bitte?

MEDEA Ich will doch nur, dass du mich liebst!

JASON Ich soll dich lieben? *Lacht.* Sie sagt, ich soll sie lieben! *Springt auf sie zu, sie ringen miteinander, er schlägt sie, sie schlägt nicht zurück.* Fühlst du's, wie ich dich liebe? Ich liebe dich wahnsinnig. Ich bin deine große Liebe, nicht wahr? Und darum muss alles, was du in meinem Leben anrührst, kaputtgehen. Alles muss kaputtgehen. Selbst deine eigenen Kinder. Du hast sie doch nur in die Welt gesetzt, um sie zerstören zu können. Du bist keine Mutter und keine Frau – du bist ein Fleischwolf!! Alles wird in deinem Rachen zermahlen. Ein Insekt, bist du, eine Kakerlake in Menschenformat. Ich hätte dich tottreten sollen an dem Tag, als ich dich kennen lernte, in diesem dreckigen, zugigen Scheißkaff, wo sich deine Art Ungeziefer rumtreibt. Ich hätte dich zerquetschen sollen. *Lacht.* Und jetzt hast du mich zerquetscht. Ja, lach nur! Trampel ruhig weiter! Ich bin ja doch schon tot. Gestorben an dem Tag, als du mich zum ersten Mal geküsst hast. Mit einem Zug ausgesaugt. Ein Vampir beißt einen wenigstens noch in den Hals. Und ich? Was bin ich all die Zeit gewesen? Ein Kleiderhaken. Ein Nagel in der Wand, an dem du eine Aufblaspuppe aufhängen konntest, die so aussah wie ich und die nur einen Zweck hatte: dich toll dastehen zu lassen. Die vollkommenste und erfolgreichste Frau aller Zeiten, die Frau aller Frauen. Seht, wie sie dasteht in ihrer Glorie, strahlend und exotisch! Der reine Sonnenschein, das Licht der Welt!

Gibt ihr einen brutalen Zungenkuss.

Was willst du noch? Ein silbernes Tablett
Mit meinem Herz? Und meine Eier gleich
Dazu? Mein Hirn im Glas? Na los, spuck's aus!

SOHN 2 *in der Türöffnung, Hand in Hand mit seinem Bruder*
Papa? So können wir aber nicht schlafen.

JASON Jungs – Ihr? Ich dacht, ihr wärt... ihr... Ach, schon gut. Kommt, geht zurück ins Haus, schlaft wieder ein.
Die Mama und der Papa reden leise.
Versprochen! Kein Geschrei mehr! Schlaft schön! Hopp!

Jungen wieder ab; Jason setzt sich neben Medea.

JASON *Pause* Tja, ääähm... ich... *Pause.* Tschuldigung.

MEDEA Ich treib halt alles immer zum Exzess, muss alles immer übertreiben. Immer. Und ich wollte dich so gern verletzen. Dich mit etwas Schlimmem bestrafen, noch schlimmer und schmerzlicher als das, was du mir angetan hattest. Etwas, zu dem noch nie jemand den Mut gehabt hatte. Den Mut oder die Verzweiflung, wenn das nicht eh das gleiche ist. Eine Huldigung, ein Denkmal der Verzweiflung – für so viele Dinge gleichzeitig. Für den ersten Tag schon. Als du nach Kolchis kamst und ich dich zum ersten Mal sah! Und alles andere danach. Was wir verbrochen haben. Und geopfert. Auch du, das weiß ich. Für alles, was wir verloren haben. Wenn die Welt doch nur ein Traumgebilde wäre! Findest du nicht auch? Eine Fata Morgana, nur aus Vorstellungen und Bildern und Täuschungen und so. Nur Gedanken. Dann wäre alles viel einfacher. Dann könnte jeder tun und lassen, was er wollte. Ohne Angst zu haben. Ohne Rechenschaft ablegen zu müssen, im Guten wie im Schlechten. Dann hätte ich es gekonnt. Mit den Kleinen. Aber so haben meine Hände sich geweigert.

JASON So scheinst du doch noch etwas Mensch zu sein.
Von Mutter und von Frau mal ganz zu schweigen.

MEDEA Ach, Jason. Damit hat das alles doch nichts zu tun.
Gibt ihm einen zärtlichen Zungenkuss.
Sie blieben aus demselben Grund am Leben,
Der ihnen erst den Tod fast hätt gegeben.
Sie sollten dir, wie mit dem Messer eingeritzt,
Auf immerdar ins Herz geschrieben stehn.

JASON *löst sich aus der Umarmung* Was sagst du?

MEDEA Lass uns noch einmal unsre Sachen packen –
Das hat uns zweimal doch nicht schlecht getan?
Nur fünf Minuten – und wir sind verschwunden.
Wir fliehn sofort – noch heute Richtung Mythilene
Wo Freunde uns Asyl gewähren wolln.

JASON Ägeus!?

MEDEA *mit ruheheischenden Gebärden*
»Sprich nicht so laut!«
Ägeus, ja.

JASON *zischt, unterdrückt wütend* Glaubst du wirklich, dass
der alte Wichser den Mut haben wird, dich noch zu sich
einzuladen? Nach allem, was du hier angerichtet hast?
Und nachdem ganz Korinth nach deinem Blut schreit?

MEDEA Dann eben nicht! Die Welt ist riesengroß.
Steht unsere Familie nur recht fest zusammen,
Fällt uns das Glück von selber in den Schoß.

JASON Unsere Familie!? Mensch, du bist wirklich von allen
guten Geistern verlassen!

MEDEA Fast hättst du deine Söhne niemals mehr gesehn –
Das wär zumindest wert ein Dankeschön!

JASON Ich kann mich ja irren, aber ich finde es normal,
dass eine Mutter ihren Kindern kein Messer in den
Bauch jagt!

MEDEA Ich hätt es tun könn'n und tun müssen.
Dann könntest du den Rest des Lebens büßen.

JASON Ach hör doch auf! Ich lass mich nicht mehr erpres-
sen. Ich war kurz davor, mich wieder zu verheiraten.
Ich hätte um deine zwei Kleinen getrauert, okay, aber
dann hätte ich schnell neue gemacht, mit Kreusa.

MEDEA Ich kenn dich. Nie hättst du es dir vergeben,
Hätt einer ihrer nur verlorn sein Leben.

JASON Wenn du mich so gut kennst, dann weißt du, dass
ich Recht habe. Mein Mitleid ist zu Ende. Ich habe es
aufgebraucht. An dich. »Mitleid mit dem Mädchen aus
der Fremde«! Vorbei. Nächstes Kapitel. Hörst du? Mitgefühl, das war meine Schwäche. Nicht »nein« sagen
können. Ein zu weiches Herz. Und eh man sich's versieht, ist man fünfundvierzig. Die Freunde um einen
sind umgefallen wie die Fliegen, und wenn man dann
seine Glücksgüter zählt, braucht man nicht mal die
Finger einer Hand! Du kennst mich, sagst du. Tja, ich
hatte eine Zukunft. Jetzt! Hier! Mit Kreusa. Das weißt

du nur allzu gut, darum bist du auch so ausgerastet. Denn darum dreht sich doch alles: Darum, was sie dir mit ihrem bloßen Dasein unter die Nase gerieben hat, in dein runzliges Gesicht, wie Salz in einen offenen Rücken.

MEDEA Ich hab mein Leben für dich aufgegeben!
Für dich verließ ich Haus und Land, für dich
Ließ selbst die Schwester ich im Stich, für dich
Verriet ich jeden, Vater oder Bruder, und...

JASON Ich habe mich geopfert! Nicht du dich! Du bist die Patientin, die aus ihrem Pfleger einen Gefangenen macht. Lass mich gehen! Hörst du mich! Erlös mich! Du bist unheilbar krank. Was sag ich? Du bist selbst eine Krankheit. Es gibt Leute, die ihr ganzes Leben damit verbringen, ein Vertilgungsmittel gegen dich zu erfinden.

Medea geht mit schweren Schritten ins Haus.

JASON Und soll ich dir noch was sagen? Eine Wahrheit, die mir schon im Magen liegt seit dem Tag, an dem du mir zum ersten Mal die Zunge in den Mund geschoben hast?

Aus dem Haus erklingt ein Schuss, gefolgt vom Weinen eines Kindes; lange Pause.

MEDEA *kommt mit einem Revolver zurück, den sie Jason vor die Füße wirft* Dein Erstgeborener ging auch zuerst
Dahin. An dir ist's mal, dem zweiten zu
Erklärn, was ihn in diese Welt gebracht.
Nichts als dein Mitgefühl mit einer Kranken,
Die du dann fallen ließt, gleich ihm, dem Bruder –
Wofür? Ein blondes, junges, reiches Luder!

JASON *nimmt den Revolver* Und du denkst wirklich, dass du mich kennst? Nach all den Jahren? Du arme Irre! Denkst du das wirklich? Du kennst mich? Oh ja? Du kennst mich?
Ab, ins Haus.

Man hört einen Schuss; das Weinen hört auf, Medea zuckt mit den Schultern, Pause; wieder ein Schuss; Medea zuckt zusammen, sehr lange Pause.

JASON *kommt mit dem Revolver zurück; er lässt ihn fallen; lange Pause* Die Bürger von Korinth können jeden Moment hier sein.
MEDEA *lange Pause* Ich wundere mich sowieso, wo sie bleiben.
JASON *Pause* Es ist ein schwerer Tag. Für alle.
MEDEA *Pause* Jason?
JASON *zündet sich ein Zigarette an* Mmmh?
MEDEA Was war das für eine Wahrheit?
JASON *seufzt* Wahrheit? Was für eine Wahrheit?
MEDEA Die eine. Die du mir noch sagen wolltest. Die dir schon so lang im Magen liegt? Seit dem Tag, an dem du… mir zum ersten Mal die Zunge in den Mund zwängtest.
JASON Ach, das. Ich weiß nicht. Ich weiß es nicht mehr.
Bietet ihr eine Zigarette an.
MEDEA *steckt sie sich an* Gibt's dann nicht irgendwas anderes? Etwas, das du noch fragen willst?
JASON Warum?
MEDEA Wir sitzen jetzt doch hier.
JASON Mmmh… Ach ja. Der eine Tag. Kurz bevor wir zum ersten Mal geflüchtet sind.
MEDEA Kolchis?

JASON *nickt* Mmmh.

MEDEA Das goldene Vlies? Als du es zum ersten Mal gesehen hast?

JASON Das? Nein. Das hat mich eher etwas enttäuscht.

MEDEA Aber was denn dann?

JASON Als ich in den Baum geklettert bin.

MEDEA Um das Fell zu stehlen?

JASON Ja. Das mit der Schlange.

MEDEA Was war damit?

JASON Die Pfropfen.

MEDEA Pfropfen?

JASON Wachspropfen.

MEDEA Die für deine Ohren?

JASON Ja.

MEDEA Was ist damit?

JASON Ich durfte dich doch nicht singen hören.

MEDEA Ja, und?

JASON Warum durfte ich das nicht?

MEDEA Um dich zu schützen.

JASON Zu schützen?

MEDEA Vor mir.

Vorhang.

Mefisto forever
Frei nach Klaus Mann

»Die Sprache denkt und dichtet für uns.«
Victor Klemperer, *LTI*

»Political leaders everywhere have come to understand that to govern they must learn how to act.«
Arthur Miller, *On Politics and the Art of Acting*

»(Die Tragödie findet) ihren Ursprung in der *Dithyrambe* – ein Chorgesang zu Ehren des Dionysos. Vermutlich im sechsten Jahrhundert vor Christus wurde dem Chor ein *Hypokrites* oder Schauspieler hinzugefügt, ein Sprecher, der zwischen den Gesängen Texte deklamierte. Noch später könnte ein zweiter *Hypokrites* hinzugekommen sein, wodurch ein Dialog möglich wurde.«
Willy Courteaux, *Einleitung zu Euripides. Na de val van Troje* – deel II

»... das Volk kann mit oder ohne Stimmrecht immer dazu gebracht werden, den Befehlen seiner Führer zu folgen. Das ist ganz einfach. Man braucht nichts zu tun, als dem Volk zu sagen, es würde angegriffen, und den Pazifisten ihren Mangel an Patriotismus vorzuwerfen und zu behaupten, sie brächten das Land in Gefahr. Diese Methode funktioniert in jedem Land.«

Hermann Göring im *Nürnberger Tagebuch* von Gustave Gilbert

»All diejenigen, die mit ihm damals Umgang pflegten, sowohl Schauspieler als auch Freunde und Arbeitskontakte, bezeugen, dass er nie irgendwelche deutschen Sympathien zeigte; im Gegenteil, (er hat) Dienstverpflichteten und Israeliten geholfen und hat in einigen Fällen den Besatzer – sogar auf der Bühne – beschimpft.«

Aus dem Urteil des Kriegsgerichts, das im Jahre 1948 den flämischen Schauspieler, Regisseur und Theaterdirektor Joris Diels in der Berufungsverhandlung freisprach. Im Jahr zuvor war Diels noch in Abwesenheit zu fünfzehn Jahren Gefängnis verurteilt worden, weil er unter deutscher Besatzung General-Direktor und Regisseur des Königlich Niederländischen Theaters in Antwerpen, Vorläufer des heutigen Toneelhuis, geblieben war.

PERSONEN

KURT KÖPLER, ehrgeiziger Schauspieler mit linken Sympathien

REBECCA FÜCHS, Starschauspielerin jüdischer Herkunft

VICTOR MÜLLER, Intendant, Schauspieler und kommunistischer Aktivist

MUTTI HILDA, Mutter Kurt Köplers, Souffleuse, Inspizientin

NIKLAS WEBER, Schauspieler und proletarischer Faschist

NICOLE NAUMANN, ehrgeizige Schauspielerin mit linken Sympathien

ANGELA, junge Schauspielerin

DER DICKE, Flieger-General, als u.a. Kulturminister rechte Hand des faschistischen Diktators

LINA LINDENHOFF, Schauspielerin und Geliebte des Dicken

DER HINKENDE, Propagandaminister

DER NEUE FÜHRER, Befehlshaber der befreienden Truppen

ORT
Ein Theater der Hauptstadt

I

»Die Emigration war nicht gut.
Das Dritte Reich war schlimmer.«

Klaus Mann, *Der Wendepunkt*

Prolog

Kurt Köpler, auf Videowand.

KURT KÖPLER ALS HAMLET
»Wer bist du? Wer?
Bist du ein guter Geist oder ein Dämon?
Bringst Himmelstau du oder Höllenfeuer?
Ist dein Begehren friedvoll oder böse Wut?
Du zeigst dich in so rätselhafter Glut,
Dass ich dich sprechen muss. Ich nenn dich Hamlet,
Fürst, Vater, König aller Dänen: sprich!
Warum dein fromm Gebein, verwahrt im Tode,
Das Totenleinen hat gesprengt?
Warum die Gruft, in der so ruhig du ruhtest
Geöffnet ihren tumben Marmormund
Um dich aufs Erdrund wieder auszuspucken?
Du machst die Nacht so sehr zum Schrecken, dass
Ich, Spielball der Natur, voll Schreck mich wind
Vor Hirngespinsten, die kein irdscher Geist
Erfassen kann. Nun sag, was soll ich tun?
So sprich doch, sprich! *Schweigen.*
Jetzt sag: Was soll ich tun?«

I.1 Entlassung am Wahltag

Ein Theater in der Hauptstadt. Schauspieler und Regisseur Kurt Köpler sitzt im Saal. Auf der Bühne nur der junge Schauspieler Niklas Weber sowie Intendant und Hans-Dampf-in-allen-Gassen Victor Müller. In der ersten Reihe »Mutti« Hilda. Sie strickt, ist Herrin der Thermoskannen und souffliert.

VICTOR MÜLLER ALS POLONIUS »Gib meinem Sohn dies Geld und die Papiere, Reinhold.«

KURT KÖPLER *seufzt* Du stehst wieder jardin, Niklas. Cour, hab ich gesagt!

NIKLAS WEBER Sach doch einfach links oder rechts! Du immer mit deinem Hokuspokus!

VICTOR MÜLLER ALS POLONIUS »Gib meinem Sohn dies Geld und die Papiere, Reinhold.«

KURT KÖPLER Los, komm, Niklas, komm!

NIKLAS WEBER Wie − »los, komm«? Ich steh doch schon da, hast du grade gesacht.

KURT KÖPLER Mit deinem Satz!

MUTTI HILDA *liest* »Gewiss doch, gnädger Herr.«

NIKLAS WEBER ALS REINHOLD *mit Widerwillen* »Gewiss doch, gnäd'ger Herr.«

KURT KÖPLER Aber bitte mit einem Minimum an Überzeugung, ja? Noch mal!

VICTOR MÜLLER ALS POLONIUS »Gib meinem Sohn dies Geld und die Papiere, Reinhold.«

NIKLAS WEBER ALS REINHOLD *zu laut* »Gewiss doch, gnädger Herr.«

MUTTI HILDA »Ihr werdet mächtig…«

VICTOR MÜLLER Ja, Hildchen, ich weiß!

MUTTI HILDA Oh − Verzeihung, Vic, Verzeihung.

VICTOR MÜLLER ALS POLONIUS
»Ihr werdet mächtig klug tun, guter Reinhold,
Erst hier und da euch über seinen Ruf zu informieren.«

NIKLAS WEBER ALS REINHOLD »Ja, das hat ich sowieso vor.«

KURT KÖPLER Aber nein! Was steht da?

MUTTI HILDA *liest* »Das dacht ich auch zu tun.«

KURT KÖPLER Ta-tàm, ta-tàm, ta-tàm: »das dacht ich auch zu tun«. Das ist Poesie, das ist Bühnensprache. Unser klangvollstes Instrument ist unsere Stimme, die Muttersprache unsere Partitur, die Sprechtechnik das Metronom.

NIKLAS WEBER So redet doch heutzutage niemand mehr.

KURT KÖPLER Das sagt genug über das »heutzutage«.

NIKLAS WEBER Man kann das doch in eigenen Worten sagen? Oder im Dialekt?

KURT KÖPLER Ich bezweifle, Niklas, dass dein Wortschatz ausreicht, dich mit Shakespeare messen zu können.

NIKLAS WEBER Welcher normale Zuschauer kann da denn noch folgen?

KURT KÖPLER Aber dir folgen? Soweit kommt's noch, nee! Noch mal!

MUTTI HILDA »Das dacht ich auch zu tun.«

NIKLAS WEBER ALS REINHOLD »Das dacht ich auch zu tun.«

VICTOR MÜLLER ALS POLONIUS »Nicht schlecht gesagt – zu Recht gesagt! Zunächst besucht ihr alle Dänen in Paris!«

MUTTI HILDA »Tut gleichsam wie von fern mit meinem Sohn bekannt.«

VICTOR MÜLLER Jaaa, Herzchen! Ich darf doch hoffentlich eine Pause sprechen?

MUTTI HILDA Verzeihung, Vic. Mein Fehler!

VICTOR MÜLLER ALS POLONIUS
»Zunächst besucht ihr alle Dänen in Paris…«
Lange Pause.

»Tut gleichsam wie von fern mit meinem Sohn bekannt
So sagt: ›Ich kenne seinen Vater, seine Freunde,
Und auch zum Teil ihn selbst‹ – Ihr könnt noch folgen?«

Pause.

KURT KÖPLER Niklas? »Ihr könnt noch folgen?«
MUTTI HILDA »Vollkommen gnädger Herr. Vollkommen!«
NIKLAS WEBER ALS REINHOLD »Vollkommen gnädger Herr.
   Vollkommen!«
KURT KÖPLER »Vollkommen gnädger Herr. Vollkommen!«
   Noch mal!
MUTTI HILDA »Vollkommen gnädger Herr. Vollkommen!«
KURT KÖPLER Du nicht, Mutti! Er!
MUTTI HILDA Verzeihung, Jungchen. Mein Fehler!
NIKLAS WEBER ALS REINHOLD »Vollkommen gnädger Herr.
   Vollkommen!«
KURT KÖPLER Noch mal.
NIKLAS WEBER ALS REINHOLD »Vollkommen gnäd...«
KURT KÖPLER Noch mal!
VICTOR MÜLLER Och, Jungs, jetzt aber bitte...!
MUTTI HILDA Also, Kinder, keinen Streit in unserer Truppe!
KURT KÖPLER Noch mal!
NIKLAS WEBER Ach, mach's selber, Mann. Ich geb's auf!
VICTOR MÜLLER Das bringt uns auch nicht weiter, Niklas!
NIKLAS WEBER Warum mussten wir denn diese neue Szene
   anfangen? Weil die anderen zu spät sind. Und wer wird
   wieder angeschnauzt? – Ich? Wo bleiben die denn, Vic-
   tor? Jeder macht hier, was er will, kommt und geht,
   egal, kein Problem! Und das nennt sich das bedeutend-
   ste Theater der Stadt? Des ganzen Landes? Hier

herrscht doch einfach keine Begeisterung. Langsam könnte man denken, es liegt an diesem Gemäuer. Man wird ja senil von all dem Plüsch und dem vergoldeten Plunder auf den Balkons. Die nackten Weiber da – wie heilige Kühe auf dem Karussell. Das ist doch nicht mehr zeitgemäß?

KURT KÖPLER Das Blattgold hat noch seine historische Berechtigung. Das wahre Problem ist eher technisch. Die Sichtachsen sind eine Katastrophe, von den Balkonen schaut man sich gegenseitig an, statt auf die Bühne. Das sagt doch genug über die platte Bürgerlichkeit hier im Theater? Ein Tempel der Eitelkeit – »Kultur«, um gesehen zu werden.

NIKLAS WEBER Es ist nicht mehr zeitgemäß.

MUTTI HILDA Also jetzt aber, Kinder! Unser größtes, schönstes Theater. Wo wir so froh waren, hier spielen zu dürfen. Ich bin immer noch jeden Tag stolz, hier zu stehen.

NIKLAS WEBER In die Luft jagen sollte man's!

KURT KÖPLER Samt dem Foyer und dem ganzen bürgerlichen Plunder!

VICTOR MÜLLER Das wär schade für die Zuschauer, bevor sie deine erste Inszenierung gesehen haben.

KURT KÖPLER Victor, das Theater geht am Starsystem zugrunde. An den Allüren. Eine Stunde sind sie zu spät! Wenigstens damit hat Niklas mal Recht. Eine geschlagene Stunde! Ist das deine Unterstützung für mich bei meiner ersten Regie?

VICTOR MÜLLER Sie werden schon kommen, nur die Ruhe.

KURT KÖPLER Und was wirst du ihnen dann sagen, als Intendant?

VICTOR MÜLLER Was soll ich denn machen? Sie entlassen? Haben wir nicht schon Arbeitslose genug?

MUTTI HILDA Vic, die anderen haben was falsch gemacht, nicht unser Kurt. Und Niklas auch nicht.

VICTOR MÜLLER Es kann an allem Möglichen liegen. Die Hälfte der Straßenbahnen fährt nicht und überall Krawalle. Ich kam an einem Laden vorbei, wo's grad mal Brot und Butter gab. Ein Geschiebe und Gezerre! Mütter mit so dicken Geldbündeln – nichts mehr wert! Bettler? – Kinder und Greise! Wo soll das noch enden? Ich kenn die Analysen und Theorien, in der Zeitung les ich jeden Tag hundert geniale Lösungen für unsre Probleme, aber wenn ich die raue Wirklichkeit seh, bricht's mir jedes Mal wieder das Herz.

KURT KÖPLER Krise hin oder her, zur Probe kommt man pünktlich!

NIKLAS WEBER Vorschriften gelten für alle!

VICTOR MÜLLER Es war einfach eine schlechte Idee, am Wahltag zu probieren. Das Ritual der Politik braucht seine Zeit.

KURT KÖPLER Kunst steht über Politik.

VICTOR MÜLLER »Kunst ist Politik.« Das hast du selbst gesagt. Noch vorige Woche, bei dem Benefizkonzert für unsere Gewerkschaftskämpfer.

KURT KÖPLER Vor den Genossen konnte ich ja schlecht was anderes sagen. Du hast mich hin geschleppt.

VICTOR MÜLLER Du wolltest gar nicht mehr von der Tribüne runter. Eine halbe Stunde hast du geredet. Und es war gar nicht mal dumm, was du gesagt hast.

MUTTI HILDA Selten so viel Applaus gehabt. Ein Triumph!

NICOLE NAUMANN *kommt eilig auf die Bühne, hinter ihr Angela* Tut mir Leid, Kurt, wirklich. Aber so hab ich die Stadt noch nie erlebt. Solche Aggressionen überall! *Flüchtiger Begrüßungskuss für jeden.*

VICTOR MÜLLER Nicole…

NICOLE NAUMANN Mich haben sie schon schief angeguckt, nur weil ich neue Schuhe trage! Du glaubst nicht, was das Gesocks mir hinterher gerufen hat!

KURT KÖPLER Du bist eine Stunde zu spät, Nicole.

VICTOR MÜLLER Eine Stunde!

ANGELA Wir mussten die ganze Strecke zu Fuß gehen, Herr Müller!

KURT KÖPLER Hättest eben früher wählen gehen müssen, Angelinchen!

NICOLE NAUMANN Wir mussten drei Stunden anstehen, die Schlange ging über fünf Straßen. Und auch da: eine Stimmung, zum Zerreißen gespannt.

MUTTI HILDA Im Radio haben sie von Schlägertrupps gesprochen.

NICOLE NAUMANN Ja, das war noch am schlimmsten! *Hilft Angela beim Umziehen für die Ophelia.*

ANGELA Nicole und ich kommen grad aus dem Wahllokal, da wird vor unseren Augen ein alter Mann zusammengetreten. Um ihn ein Kreis tollwütiger Halbstarker. Ich weiß nicht mal, von welcher Fraktion, worum's geht oder ob es überhaupt was mit Politik zu tun hat.

NICOLE NAUMANN Ist ja auch egal! Der arme Mann liegt wimmernd und flehend am Boden!

ANGELA Er hebt den Arm, um sein blutendes Gesicht zu schützen, die Oberlippe gerissen, er will was sagen – da tritt einer von den Jungs wieder zu.

NICOLE NAUMANN Voll ins Gesicht. Auf den Mund.

ANGELA Das Geräusch geht einem durch Mark und Bein. Und sie lachen, die Jungs!

NICOLE NAUMANN Das war noch am schrecklichsten.

ANGELA Alle sehen zu. Aber niemand greift ein. Auch wir haben wie versteinert dabeigestanden.

NICOLE NAUMANN Und auf einmal liefen sie weg, ließen den Mann einfach liegen. Er hätte tot sein können.

ANGELA Egal, für welche Überzeugung, so was tut man nicht. So was nicht.

VICTOR MÜLLER Woher nur all dieser Hass?

NIKLAS WEBER Fragst du dich das wirklich? Bei all den Skandalen? In diesem verrotteten System?

MUTTI HILDA *peinlich berührt* Niklas…

NIKLAS WEBER Bei dieser Elite, korrupt bis auf die Knochen? Die kein anderes Ziel kennt als den Machterhalt, zugunsten der eigenen Klasse? Die Leute sehen doch, dass hier alles ans Ausland und das ausländische Pack verkauft wird?!

VICTOR MÜLLER Mensch, Niklas. Sollten wir uns nicht lieber an die eigene Nase fassen, statt einen Sündenbock zu suchen und uns an Schwächeren abzureagieren?

NIKLAS WEBER Schwächer? Sie haben internationale Verbindungen, das große Geld, sind's gewöhnt, Blut zu sehen, bei all ihren rituellen Schlachtungen, und ihre Frauen scheißen mehr Gören als Haufen. Sie walzen uns platt, wenn wir nicht bald was unternehmen und uns wehren.

VICTOR MÜLLER Zu solchen Dummheiten wird die Arbeiterschaft sich niemals verleiten lassen. Das kehrt sich nur gegen sie.

NIKLAS WEBER Wollen wir deine Lohntüte mal mit der eines *echten* Arbeiters vergleichen?

MUTTI HILDA Niklas! So kannst du mit Victor nicht reden.

VICTOR MÜLLER *wütend* Nach vierzig Jahren im Beruf brauch ich mir keine Belehrungen anzuhören, von einem Rotzbengel, der nie mehr für andre getan hat, als ein paar rechte Propagandasprüche nachzublöken!

NIKLAS WEBER Wenn alles nur Propaganda ist, warum haben die Kommunisten und ihre Mitläufer wie du dann immer weniger Anhang?

KURT KÖPLER Wenn's nach mir ging, könnten's deine Idole gern mal probieren! Von mir aus schon morgen!

NICOLE NAUMANN Kurt, wie kannst du so was sagen?

KURT KÖPLER Sollen sie sich die Finger an der Macht mal ordentlich verbrennen.

VICTOR MÜLLER Umgekehrt wird ein Schuh draus: Der Staat und die Macht werden sich an ihnen verbrennen. Das zeigt die Geschichte, jedes Mal wieder.

KURT KÖPLER Ihre Unfähigkeit wird sich ganz schnell herausstellen, auf jedem Gebiet. Selbst im Theater. Denkt doch mal: Welchen tonangebenden Künstler haben die schon hinter sich? Wen denn? Ihn?

NIKLAS WEBER *vor Wut den Tränen nah* Ich hab wenigstens den Mut, zu meiner Überzeugung zu stehen. Wie viele von euch denken das gleiche wie ich, aber geben's nicht zu? Die Unmenge Stimmen muss doch irgendwo herkommen? Selbst von Leuten aus deiner nächsten Umgebung. Wart's nur ab!

KURT KÖPLER Von wem redest du?

MUTTI HILDA Kinder, wir werden uns doch nicht den ganzen Tag über Politik streiten? Lasst uns lieber vertragen und erst mal selbst gut zusammenarbeiten.

NIKLAS WEBER Nein! Hören wir auf, alles vorzuziehen und zu verhätscheln, was nicht von hier ist.

REBECCA FÜCHS *in Eile* Tut mir Leid, ihr Lieben, ich bin wieder die Letzte, ich weiß – aber diesmal kann ich echt nichts dafür – all die Umwege, die ich heute machen musste!

MUTTI HILDA Rebecca, Mädchen! Tässken Kaffee?

VICTOR MÜLLER Rebecca, tut mir Leid, aber: Ich muss Sie doch darauf hinweisen…

REBECCA FÜCHS Och nein, Victor-Schatz, bitte nicht, ich
fleh Sie an. Nicht an einem Tag wie heute. »Habt Ihr
vergessen, wer ich bin?«

VICTOR MÜLLER Gewiss nicht, Rebecca, aber den anderen
hab ich auch die Leviten gelesen. In Zukunft...

REBECCA FÜCHS Vic, heute nicht. Bitte! »Habt Ihr vergessen, wer ich bin?«

KURT KÖPLER ALS HAMLET
»Nein, beim Kreuz! Wie könnt ich das vergessen?
Ihr seid die Königin. Weib Eures Mannes Bruders,
Und – wär es doch nicht so! – seid meine Mutter.«

MUTTI HILDA »Zimmer der Königin Gertrude«
Zu Victor. Polonius schont tot auf dem Boden.

VICTOR MÜLLER Gut. In Ordnung. Gut...
Legt sich hin.

REBECCA FÜCHS ALS GERTRUDE »Oh Hamlet, Ihr habt Euren
Vater tief gekränkt.«

KURT KÖPLER ALS HAMLET
»Ihr, Mutter, Ihr habt meinen Vater tief gekränkt.«
Hält ihr seine beiden Handflächen vor.
»Seht her, auf dies Porträt, und dann auf dies:
Seht, welch ein Adel diese Braun beseelt!
Dies war Eur Mann. Und seht nun her, was folgt:
Dies ist Eur Mann, der gleich der brandgen Ähre
Verderblich seinem Bruder. Habt Ihr Augen?
Nennt es nicht Liebe! Denn in Eurem Alter
Ist der Tumult im Blute zahm; es schleicht
Und wartet auf das Urteil – nun: doch welch
Vernünftges Urteil tauschte den für ihn?
Scham, wo ist dein Erröten?« *Flirtet.*

REBECCA FÜCHS ALS GERTRUDE *flirtet zurück*
                         »O Hamlet, sprich nicht mehr!
Du kehrst die Augen recht ins Innre mir:

Die rabenschwarzen Flecken, die ich seh
Waschen sich nimmer rein.« *Streichelt sein Gesicht.*
KURT KÖPLER ALS HAMLET   »Ei, weil Ihr lebt
Im Schweiß und Brodem eines eklen Betts,
Gebrüht in Fäulnis; buhlend und sich paarend
Über dem garstgen Nest −« *Küsst sie fast.*
REBECCA FÜCHS ALS GERTRUDE *küsst ihn fast*
                »Oh, sprich nicht mehr!
Mir dringen diese Wort' ins Ohr wie Dolche.
Nicht weiter, lieber Hamlet! Schweig!«

Niklas erscheint als Geist von Hamlets verstorbenem Vater.

KURT KÖPLER ALS HAMLET *sieht den Geist, schreckt vor dem
    Kuss zurück*
»Schirmt mich und schwingt die Flügel über mir,
Ihr Himmelsscharn! O Geist, was will dein würdig Bild?«
REBECCA FÜCHS ALS GERTRUDE »Weh mir! er ist verrückt!«
MUTTI HILDA *flüstert Niklas den ganzen Text vor*
»Vergiss nicht! Diese Heim…«
NIKLAS WEBER ALS GEIST VON HAMLETS VATER *über Muttis
    Soufflieren hinweg*
»Vergiss nicht! Diese Heimsuchung
Soll nur den abgestumpften Vorsatz schärfen.
Doch schau! Entsetzen liegt auf deiner Mutter;
Tritt zwischen sie und ihre Seel im Kampf:
In Schwachen wirkt die Einbildung am stärksten:
Wohlan denn, Hamlet: Sprich mit ihr!«
KURT KÖPLER ALS HAMLET *zu Rebecca*
»Wie ist Euch, Mutter?«
REBECCA FÜCHS ALS GERTRUDE
                »Wie mir ist?
Oh weh! − wie ist denn Euch, mein Sohn?

Dass Ihr die Augen heftet auf das Leere
Und redet mit der körperlosen Luft?
Wild blitzen Eure Geister aus den Augen.
Spreng auf die Hitz und Flamme deines Übels
Abkühlende Geduld! Wo schaust du hin?«

KURT KÖPLER ALS HAMLET
»Auf ihn! Auf ihn! Seht Ihr, wie blass er starrt?
Sein Anblick, seine Klage würde Stein'
Zum Weinen bringen!«

*Niklas setzt sich hinter Rebecca – eine sichtbar einstudierte
Bewegung; als Rebecca ihn mit der Schulter berührt, tritt er
verärgert einen Schritt zurück.*

REBECCA FÜCHS ALS GERTRUDE *nimmt Kurt in die Arme*
»Wer ist es nur, zu dem du sprichst?«

KURT KÖPLER ALS HAMLET
»Seht Ihr dort nichts? Und hörtet Ihr auch nichts?«

REBECCA FÜCHS ALS GERTRUDE
»Was dort auch ist, dies hör ich und dies seh ich:
nichts!«

KURT KÖPLER ALS HAMLET
»Doch seht nur dort! Seht, wie es weg sich stiehlt!«

REBECCA FÜCHS ALS GERTRUDE
»Dies ist bloß Eures Hirnes Ausgeburt;
In dieser wesenlosen Schöpfung ist noch Leib,
Noch Form – nur bloße Frucht der Sinnestäuschung.«

KURT KÖPLER ALS HAMLET *macht sich los, steht auf, Auge in
Auge mit Rebecca* »Mutter, um Euer Heil!
Legt nicht die Schmeichelsalb auf Eure Seele,
Dass nur mein Wahnwitz spricht, nicht Eur Vergehen!«

REBECCA FÜCHS ALS GERTRUDE
»O Hamlet, du zerspaltest mir das Herz!«

KURT KÖPLER ALS HAMLET
»Zur Grausamkeit zwingt bloße Liebe mich;
Das eine Übel wehrt weit größrem Weh!«

VICTOR MÜLLER *steht auf* Jetzt nur noch der Rest des Stücks, dann haben wir's.

ANGELA *gerührt* Wundervoll!

NICOLE NAUMANN *mit leichtem Bedauern* Sehr schön, Rebecca.

REBECCA FÜCHS Ach, es ist doch Kurt, der die Szene trägt.

KURT KÖPLER Nein, nein! Ein Duell ohne gleichwertigen Gegner ist kein Duell.

VICTOR MÜLLER Ich bin so froh, dass wir einen Star wie Sie haben überreden können, hier bei uns aufzutreten.

REBECCA FÜCHS Das haben Sie ihm zu verdanken, mein Lieber. Ich wollte endlich einmal mit dem Naturtalent zusammenspielen, von dem die ganze Stadt spricht.

MUTTI HILDA Und gleich so völlig textsicher.

REBECCA FÜCHS *zu Niklas* Dein Spiel hat sich auch schon enorm gesteigert, mein Lieber, wirklich. Vielen Dank.

NIKLAS WEBER Man tut, was man kann.

REBECCA FÜCHS Nur… – nicht, um zu meckern, aber – der Geist ist sehr wichtig für die Königin, verstehst du? Ich seh ihn nicht, aber ich muss ihn spüren, wie einen Fluch, der mir über die Schulter blickt. Vielleicht könntest du mich, wenn du vorbeigehst, sogar umarmen. *Macht die Bewegung vor.* So etwa.

NIKLAS WEBER Jetzt reicht's aber, Gnädigste.

REBECCA FÜCHS Hab ich was falsch gemacht?

NIKLAS WEBER Es ist Sache des Regisseurs zu entscheiden, ob ich mich von einer wie dir begrapschen lassen muss oder nicht.

KURT KÖPLER Was sagst du?

REBECCA FÜCHS *verletzt* Lass nur, Kurt, schon gut.

KURT KÖPLER Du wirst dich sofort bei Frau Füchs entschuldigen. Na los.

NIKLAS WEBER Was hab ich jetzt wieder verbrochen?

KURT KÖPLER Das weißt du genau.

NIKLAS WEBER Ja, was denn, außer, dass sie mir vom Leib bleiben soll?

REBECCA FÜCHS Kurt, es ist schon gut.

MUTTI HILDA Och Kurt, jetzt bitte!

NICOLE NAUMANN Aber Kurt hat völlig Recht!

KURT KÖPLER Los, Mut zur Überzeugung, Niklas. Sag doch: Sie ist Jüdin!

NIKLAS WEBER Ich werd mich hüten! In diesem Haus? Heutzutage kann man die Mischpoke ja kaum noch von Einheimischen unterscheiden! So weit ist es schon gekommen.

KURT KÖPLER Victor, warum sagst du nichts?

VICTOR MÜLLER Kurt, lass dich von dem dummen Jungen doch nicht provozieren.

KURT KÖPLER Das lässt du einfach so durchgehen? Du, der große Intendant, der alles entscheidet? Du weißt, wie wichtig diese Regie für mich ist!

REBECCA FÜCHS Das ist wirklich nicht nötig, Kurt. Wirklich nicht.

VICTOR MÜLLER Du hast ihn gerade auch die ganze Zeit gepiesackt.

KURT KÖPLER Ach, gleich sagst du noch, es wäre meine Schuld?

MUTTI HILDA Der Junge ist ein bisschen überdreht, er hat's nicht so gemeint.

KURT KÖPLER Ich weiß nicht, wie du das siehst, Victor, aber ich lass eine Partnerin von mir nicht vor versammelter Mannschaft demütigen. Schon gar nicht eine von ihrem Kaliber.

110

REBECCA FÜCHS Kurt…

KURT KÖPLER Nein! Nein! Es geht nicht um dich, Rebecca. Ich kann das von niemandem akzeptieren.

NICOLE NAUMANN Das können wir uns doch von niemand gefallen lassen? Es ist eine Schande!

MUTTI HILDA Du hast leicht reden, Nicolchen, bei deiner reichen Familie, deinen Möglichkeiten. Auf ihm haben von klein auf schon immer alle nur rumgehackt. Ich hab Victor gebeten, ihn zu engagieren, er war am Ende seiner Kräfte, ganz unten, er wusste nicht mehr weiter.

KURT KÖPLER Ein Grund mehr, sich zusammenzunehmen.

NICOLE NAUMANN So was kann man nicht tolerieren. Das ist ja das schleichende Gift!

MUTTI HILDA Kurt, jag ihn nicht weg. Er wird sich wieder fangen. Er macht Fehler, er muss noch viel lernen, aber gib ihm noch eine Chance.

VICTOR MÜLLER Millionen Arbeitslose, überall Pleiten, die Hälfte der Theater geschlossen – wo soll er hin?

KURT KÖPLER Er zwingt mich doch, durch das, was er gesagt hat, nicht ich!

MUTTI HILDA Kurt, sag das nicht!

VICTOR MÜLLER Ich werd seinen Vertrag nicht verlängern, nächste Saison.

KURT KÖPLER Es ist unglaublich, dass wir ihn überhaupt so lange geduldet haben!

NICOLE NAUMANN Aber wir dürfen ihn auch nicht zum Märtyrer machen. Das ist ihre Lieblingsrolle. Ich seh seine Entlassung schon in der Zeitung stehen.

NIKLAS WEBER Das wird nicht mehr lang gehen, uns so ins Abseits zu schieben.

KURT KÖPLER Victor: er oder ich!

VICTOR MÜLLER Kurt…

KURT KÖPLER Er oder ich.

MUTTI HILDA Ihr seid ja alle verblendet! Jeder denkt nur an sich und sein eigenes Recht! Ich ertrag das nicht länger! *Weinend ab. Pause.*

VICTOR MÜLLER Mensch, Niklas! Entschuldige dich wenigstens bei Frau Füchs.

NIKLAS WEBER Ich war pünktlich – ich krieg Zunder! Der Star kommt zu spät – und sie darf alles?

VICTOR MÜLLER Niklas – ein Zeichen des guten Willens, komm. Entschuldige dich.

NIKLAS WEBER *vor Wut den Tränen nah* Es geht nicht um sie. Um seine Karriere geht's. Der große Kurt Köpler! Dafür opfert er alles. Auch dich, Victor, wenn's sein muss. Wart's nur ab! Wenn's ihm nützt, geht er sogar mit so ner Juden-Schlampe ins Bett!

VICTOR MÜLLER Das reicht! Hau ab! Los. Sofort!

REBECCA FÜCHS Das ist wirklich nicht nötig, Herr Müller.

VICTOR MÜLLER Es geht nicht um Sie, Rebecca, jetzt geht's ums Prinzip.

NIKLAS WEBER Welches Prinzip, Victor? Auf welcher Seite stehst du?

VICTOR MÜLLER Scher dich weg. Wir haben lange genug Geduld mit dir gehabt. Hau ab, sag ich. Raus!

Niklas wütend ab; Mutti tritt leichenblass wieder auf.

NICOLE NAUMANN Mutti, was ist denn?

MUTTI HILDA *mühsam sprechend* Sie haben gewonnen.

KURT KÖPLER Was sagst du, Mutti?

MUTTI HILDA Im Radio. Eine Sondersendung. Sie haben gewonnen.

KURT KÖPLER Sie haben die Wahlen gewonnen?

NICOLE NAUMANN *ab jetzt alle durcheinander* Unmöglich.

MUTTI HILDA Größte Partei.

VICTOR MÜLLER Das darf doch nicht wahr sein!

MUTTI HILDA Sie marschieren schon zum Rathaus und zum Parlament.

KURT KÖPLER Das ist doch nicht möglich?! Nicht bei uns!

VICTOR MÜLLER Diese reaktionären Idioten – lassen ihn an die Macht! Diese kurzsichtigen Arschlöcher machen ihn zum Regierungschef!

NICOLE NAUMANN Das können die doch nicht machen?

KURT KÖPLER Das wird das Ausland nie dulden.

VICTOR MÜLLER Unsere schlimmsten Befürchtungen!

NICOLE NAUMANN Wir dachten, wie könnten es aufhalten…

VICTOR MÜLLER Unser schwärzester Alptraum!

NICOLE NAUMANN …indem wir die Gefahr jahrelang einfach ignorierten.

MUTTI HILDA So nicht. Das hab ich nicht gewollt… *Pause.*

ANGELA Und jetzt? *Pause.* Was jetzt? *Pause.*

NICOLE NAUMANN Wir haben uns nichts vorzuwerfen. Wir haben alles versucht, und es hat nichts genützt.

VICTOR MÜLLER Die Schuld liegt bei den bürgerlichen Parteien, mit ihrem endlosen Palaver, und dem feigen Schweigen, wenn sie mal wirklich was sagen müssten.

REBECCA FÜCHS Ich weiß, was ich zu tun habe. Ich geh weg.

MUTTI HILDA Aber Rebecca-Kind, nicht…

REBECCA FÜCHS Ich kann unter so einem Regime nicht arbeiten. Wenn sie mich überhaupt arbeiten lassen.

NICOLE NAUMANN Kurt und ich und die anderen kommen mit dir mit – das müssen wir, wenn wir uns selbst respektieren.

MUTTI HILDA Kinder, wir werden doch nicht fahnenflüchtig oder so?

KURT KÖPLER Den Gefallen können wir ihnen doch nicht tun?

113

NICOLE NAUMANN Dann haben wir wenigstens das Theater lahm gelegt. Alles, was Kunst und Kultur heißt: Licht aus, geschlossen – und zu!

VICTOR MÜLLER Das wird ihnen aber den Schlaf rauben! Kunst und Kultur finden doch sowieso nur noch nach ihren Vorstellungen statt.

MUTTI HILDA Und wovon sollen wir leben, wenn wir aufhören? Und du, wenn du ins Ausland gehst?

REBECCA FÜCHS Ich kann nicht bleiben, tut mir Leid.

VICTOR MÜLLER Wir können doch nicht alles so einfach aufgeben? Ich bleibe! Ja, verdammt noch mal: Ich bleib hier! Wenn sie jetzt wirklich an der Macht sind? Dann beginnt heute der Widerstand! Hier. Bei uns!

KURT KÖPLER *nickt* Alles, was wir aufgebaut haben!? Was für einen Sinn hat das, wenn wir den Bettel hinwerfen, sobald's wirklich drauf ankommt? Wir bleiben, und bekämpfen das System von innen! Radikaler Widerstand!

REBECCA FÜCHS Auch wenn ich wollte, Kurt, ich kann nicht. Ihr müsst eure eigene Entscheidung treffen. Tut mir Leid. Ich geh fort.

KURT KÖPLER Aber du kannst nicht gehen. Du bist nicht der Typ, der Proben einfach im Stich lässt, der eine Produktion dieses Formats zum Scheitern verurteilt.

REBECCA FÜCHS *küsst ihn* Adieu.

NICOLE NAUMANN Wir kommen mit, Rebecca.

ANGELA Ich bleibe. Herr Müller hat Recht. Was bedeutet unsere ganze Arbeit in der Vergangenheit, wenn wir alles einfach so aufgeben?

KURT KÖPLER *küsst Nicole* Pass auf sie auf, hilf ihr, wo du kannst.

NICOLE NAUMANN Ist das alles, was du von mir möchtest, Kurt?

KURT KÖPLER Und pass du auch auf dich auf. Das weißt du doch?

REBECCA FÜCHS Leb wohl, Mutti. *Küsst sie.* Leb wohl.

MUTTI HILDA *gerührt* Och, Kind, was soll bloß aus dir werden, in der Fremde? Wo's überall von Ausländern nur so wimmelt?

I.2 Theaterspielen liegt im Blut

Kurt und Angela allein auf der Bühne.

KURT KÖPLER Angela? Vielen Dank.

ANGELA Wofür?

KURT KÖPLER Du hattest vollkommen Recht. Was bedeutet all unsere Arbeit in der Vergangenheit, wenn wir jetzt einfach aufgeben? Leute wie du und ich müssen gerade bleiben und was riskieren. Mindestens müssen sie uns rauswerfen. Das wäre ein Statement. Mut ist das Wesentliche in unserem Beruf.

ANGELA Ach? Gehören Rebecca und Nicole dann nicht mehr dazu? Sie sind gegangen.

KURT KÖPLER Doch. Doch... Das ist auch »was riskieren«. Das ist auch mutig.

ANGELA Und was ist dann der Unterschied?

KURT KÖPLER Nun... Ich, mit meiner Einstellung, ich kann nicht anders als bleiben. Rebecca mit ihrer nicht anders als gehen. Und Nicole? Die kann sich die Solidarität Gott sei Dank leisten, sie hat die Mittel und spricht fließend Englisch und Französisch. Ich nicht. Ich kann nur eins gut, wie du, und das ist Theater spielen. In meiner Sprache. Der Muttersprache. Das ist unsre einzige Waffe, verstehst du?

ANGELA Nein.

KURT KÖPLER *grinst* Okay. Touché. Ich werd es anders sagen. Du hast Rebecca bei der Probe gesehen?

ANGELA Große Klasse!

KURT KÖPLER Was glaubst du, wie macht sie das?

ANGELA Wenn ich das wüsste? Ich muss bei allem immer so kämpfen. Und Rebecca? Da geht es wie von selbst. So natürlich.

KURT KÖPLER Authentizität. Darum geht es. Das Spiel ist reiner Betrug. Aber dein Ernst, dein Einsatz, der muss authentisch sein, unbesudelt und integer. Darum kann Rebecca nicht bleiben und ich schon, und wir haben doch beide Recht.

ANGELA Beide gleich authentisch?

KURT KÖPLER *nickt* Schon die Griechen wussten das. Sophokles. Euripides. Theater handelt nicht von Wahrheit, sondern vom Dilemma.

Ein unbekannter, gut gekleideter, korpulenter Herr tritt auf; sieht sich auf der Bühne um wie ein Tourist.

KURT KÖPLER Gewalt auf der Bühne? Zerstörung? Große Gesten, die das größte Kunstwerk, selbst ein Menschenleben, vernichten? Das ist nicht interessant. Action ist langweilig und klischeehaft. *Setzt sich neben sie.* Echtes Theater, wesentliches Theater, handelt von Zerrissenheit. Vom Zerrissensein. Wie in dem Gedicht: »Nicht im Schneiden liegt die Pein, nein, im Abgeschnittensein.« Kennst du das? *Kuschelt sich an sie.*

ANGELA *lächelt* Jetzt schon.

DER DICKE *nickt der strickenden Mutti zu* Guten Tag.

MUTTI HILDA Guten Tag. *Strickt weiter.*

KURT KÖPLER Darum erreichst du mit eindeutigem Spiel nichts. Mit Realismus. Alles nur Äußerlichkeit. *Legt*

116

den Arm um Angelas Schulter. Ein wahrer Schauspieler muss nach den vier P's in sich suchen.

ANGELA Den vier P's?

KURT KÖPLER Rate mal. Was könnte das erste sein?

ANGELA Das erste was?

KURT KÖPLER Das erste, wonach ein Schauspieler suchen muss?

ANGELA Ruhm?

KURT KÖPLER Es fängt mit »P« an.

ANGELA Pinke-Pinke?

KURT KÖPLER *grinst* Mmmm… – fast! Du darfst noch mal.

ANGELA *neckisch* Pointen? Plot? Plattitüden?

KURT KÖPLER Poesie. Passion. Und Pläsier. Und?

ANGELA Psychologie?

KURT KÖPLER Fast richtig. *Flüstert ihr ins Ohr.* Perversion…

DER DICKE Ah… Perversion! *Steht neben ihnen, kichert mit.*

KURT KÖPLER Poesie und Passion. Pläsier und Perversion. Und dazu: Pein.

ANGELA Dann hast du fünf P's.

KURT KÖPLER Nein, dann hast du Authentizität. Und weißt du, was das Gemeine ist, Angela?

ANGELA Ich glaube, du wirst es mir gleich sagen.

KURT KÖPLER Damit allein bist du immer noch nichts. Außer du hast auch das eine. Das Unentbehrlichste von allen.

ANGELA Paranoia?

KURT KÖPLER Aber nein! Talent.

DER DICKE *nickt* Ah, Talent. Talent!

KURT KÖPLER Das hat man oder hat man nicht. Das lässt sich nicht erzwingen oder kaufen. Es steckt im Blut. Wie alle große Kunst. Mit Demokratie ist da nicht viel zu holen.

DER DICKE Mit Demokratie ist da nichts zu holen.

117

KURT KÖPLER Der wahre Künstler ist autonom. Er steht über den Wirren des täglichen Lebens. Dem Anekdotischen. Er kann es benutzen. Wenn er will. Als Material, als Quelle. Aber er geht nie in ihm auf.

DER DICKE Ah, nein! Sonst wär er kein Künstler.

KURT KÖPLER *nickt dem Mann zu* So ist das! *Zu Angela.* Talent ist gnadenlos. Wer es nicht hat, wie dieser Niklas? Der fliegt raus. Das ist für das Theater eine Frage des Überlebens, der Lebenskraft, der Reinheit. Bis zu unserem letzten Atemzug müssen wir minderwertiges Schauspielermaterial bekämpfen. Das ist die allererste Bedingung unserer künstlerischen Berufung.

DER DICKE Und er muss es wissen. Haben Sie seinen Woyzeck gesehen?

ANGELA Ich hab davon gehört.

DER DICKE Sie haben das nicht gesehen? Hinreißend. Unvergleichlich.

KURT KÖPLER Sie ist auch noch so jung, nicht wahr?

DER DICKE Trotzdem! Ich war zwölf, als ich zum ersten Mal den ganzen »Ring des Nibelungen« erlebt habe. Haben Sie ihn als Peer Gynt gesehen?

ANGELA *zu Kurt* Hast du Peer Gynt gespielt?

DER DICKE Unübertroffen. Niemand hat seither den Peer Gynt wieder so verkörpert.

MUTTI HILDA *von hinten* Das stimmt. Und ich sag das nicht, weil's mein Sohn ist.

DER DICKE *zu Mutti* All seine Rollen haben solch ein Gewicht.

MUTTI HILDA Stimmt wirklich, ja. *Stellt sich dazu.*

KURT KÖPLER Na ja, Mutti! Ich hab aber auch ein paar gewaltige Flops gehabt.

MUTTI HILDA O ja? Welche denn?

DER DICKE Man fragt sich oft: Wie schafft er das nur immer wieder?

MUTTI HILDA Das hat er schon von klein auf. Schon als er zwölf war. Da sang er im Knabenchor seiner Schule. Eines Tages durften sie in einer Hochzeitsmesse singen, die Tochter vom Bruder des Bürgermeisters! Mein Kurtchen konnte die ganze Woche nicht schlafen vor Aufregung! Und als es soweit war, sang er eine Oktave höher als alle anderen. Er war über allen zu hören! So sehr, dass der Chorleiter böse wurde.

KURT KÖPLER Der Mann hatte Recht. Ich habe zu viel Aufmerksamkeit auf mich gelenkt. *Zu Angela.* Das ist auch nicht gut, zu viel Aufmerksamkeit auf sich lenken. *Zu Mutti.* Ich hab nicht mal gut gesungen, es war viel zu schrill.

MUTTI HILDA War das ein Grund für den Mann, gleich so hart zu sein? »Sei doch still!« zu rufen, dass die ganze Kirche es hören konnte! Ein Erwachsener, zu einem Jungen von zwölf!

DER DICKE Eine Schande!

KURT KÖPLER Ich wäre am liebsten im Erdboden versunken! Und ich dachte, ich klinge wie ein strahlender Engel.

MUTTI HILDA Vor Schreck hat er ein halbes Jahr lang ins Bett gemacht.

KURT KÖPLER Müssen die Details jetzt unbedingt auch wieder an die Öffentlichkeit? Manchmal meinst du es aber wirklich ein bisschen zu gut.

MUTTI HILDA Gib's zu: Todkrank hat dich das gemacht.

KURT KÖPLER Es war die Hölle. – Ein Abstieg in die Hölle alles verzehrender Scham, wochenlang. Die meisten Menschen erleben das nie, mir passiert es immer noch regelmäßig.

DER DICKE Das hat Sie nur voran gebracht. Großes Talent sucht großen Widerstand, sagt Friedrich Nietzsche. »Was nicht tötet, härtet ab!« Das merkt man allen ihren Rollen an. Haben Sie seinen größten Triumph gesehen, den Mephisto im Faust?

ANGELA Ich hab viel Gutes darüber gehört.

DER DICKE Sie haben seinen Mephisto nicht gesehen? Aber Kind, dann haben sie gar nichts gesehen. *Legt den Arm um Kurts Schulter.* Dieser Mann ist ein Genie!

KURT KÖPLER Na ja, na ja...

DER DICKE Eine Perle in der Krone unserer Kultur!

MUTTI HILDA Vielen Dank, mein Herr. *Streckt ihm die Hand entgegen.* Mit wem haben wir eigentlich die Ehre?

DER DICKE O Verzeihung. Das hätte ich beinah vergessen. *Handkuss für Mutti.* Hermann, Pilot und General, rechte Hand des neuen Kanzlers. Ich bin der neue Kulturminister. Aber meine Freunde nennen mich »der Dikke«. *Prustet los, zusammen mit Mutti.*

KURT KÖPLER *Pause* Und Sie überfallen uns so einfach?

DER DICKE *Pause* Ich dachte, Sie kennen mich. Verzeihung. Ich wollte nur mal vorbeischauen. *Ausholende Geste.* Am Nabel des kulturellen Erbes unserer Nation. Die Geschichte, die hier durch den Raum weht? All die Meisterwerke, die hier gespielt wurden? Das spürt man, ganz körperlich. Ein Monument unserer großen Vergangenheit.

MUTTI HILDA Möchte der Herr was trinken? Es gibt Kaffee – oder Tee.

DER DICKE Kaffee, bitte.

ANGELA *zu Kurt* Soll ich Victor warnen?

KURT KÖPLER Ich wüsste es sehr zu schätzen, mein Herr, wenn Sie dieses Gebäude augenblicklich verließen.

Nur weil Sie Minister sind, haben Sie nicht das Recht, hier Ihre Spielchen mit uns zu treiben.

DER DICKE Das war wirklich nicht meine Absicht. Ich bin nicht als Minister hier. Ich stehe hier als Bewunderer. Als Freund. Auch wenn es Ihnen schwer fällt, das zu glauben, das versteh ich. Aber seien Sie ehrlich: Was wissen wir schon voneinander? Ihr habt das Gespräch mit uns immer abgelehnt. Sie sehen das Resultat. Sie haben mich verurteilt, bevor ich überhaupt etwas sagen konnte.

MUTTI HILDA Kurt, da ist was dran!

KURT KÖPLER Halt du dich da raus, Mutti.

DER DICKE Verdiene ich dann nicht wenigstens eine Chance? Immerhin bin ich vom Volk gewählt – ihrem Publikum, sozusagen. Oder zumindest den hart arbeitenden Menschen, von deren Steuergeldern Sie für Ihre Arbeit entlohnt werden. Das wird übrigens unsere erste Maßnahme: Die Löhne erhöhen, von all unseren Künstlern.

MUTTI HILDA Ach, wirklich?

DER DICKE Die Etats müssen aufgestockt werden. Mehr Schauspieler, mehr Techniker, mehr Bühnenarbeiter. Das bürgerliche Regime hat euch schändlich vernachlässigt. Ihr seid die Crème de la Crème der Nation. Nicht der Abschaum.

KURT KÖPLER Ich bin nicht für Silberlinge zu kaufen. Ich bin Künstler.

DER DICKE Aber Herr Köpler! Sie haben so falsche Vorstellungen von uns. Wir sind anständige Leute, gewählt von anständigen Leuten in einer Zeit großer Krise, für eine schwierige, aber anständige Aufgabe. Geben Sie uns die Möglichkeit, Ihnen das zu beweisen. Oder glauben Sie wirklich an »Das Böse«, in Reinform, und dass ausgerechnet ich das verkörpere? Ich? Nennt man das denn kein Vorurteil? Ist denn das nicht zu einfach: »Das Böse« – für einen so großen Geist? Ich dachte, der wahre Künstler sucht die Nuance. Nicht die plumpe Konfrontation.

KURT KÖPLER Sie und ich sitzen politisch an extremen Enden des Spektrums. Das wollen Sie doch nicht leugnen?

DER DICKE Sollen wir uns darum bis aufs Messer bekämpfen? Meine Partei und ich sind nicht dumm, Herr Köpler – oder darf ich Kurt sagen? Wir brauchen Sie, so wie Sie sind. Wir kennen Ihre Neigungen und Ihre Geschichte. Hindert Sie das, ein großer Künstler zu sein? Und uns, Ihre Kunst zu genießen und stolz darauf zu sein?

KURT KÖPLER Ich kann und will nicht im Dienst eines politischen Systems spielen.

DER DICKE Wer verlangt das von Ihnen? Sie behalten Ihre volle Freiheit. Nun gut, Sie haben mit links geflirtet. Künstler sind große Kinder, leicht zu verführen. Ich möchte nicht wissen, wie viele in meiner Partei sich an den Zitzen des Kommunismus besoffen haben. Es ist eine verlockende Sekte, mit einem Himmel, den man scheinbar leichter erreicht als den der Katholiken, ganz zu schweigen von dem der Protestanten oder der Juden. Wir, Herr Köpler, streben nicht nach dem Himmel, sondern nach einem Reich, zu dem jeder etwas beitragen kann, zum Nutzen des ganzen Volkes. Auch Sie. Gut, Sie haben sich mit Gewerkschaften und Freimaurern eingelassen. Sie haben uns verhöhnt. Na und? Wir haben die Linke und ihre Diener bekämpft, mit harten Bandagen. Auch Sie. Manchmal zu hart, das geb ich zu. Im Feuer des Augenblicks sagt man bisweilen Dinge, die man hinterher bedauert. Die Flammen des gesprochenen Worts, der brennende Applaus – sie peitschen uns auf, bis manchmal das Feuer mit uns durchgeht. Ein Schauspieler wie Sie wird das begreifen.

KURT KÖPLER Verständnis ist noch keine Vergebung, geschweige denn Übereinkunft. Was wollen Sie von mir?

DER DICKE Dass Sie weiter machen, was Sie gut können. Theater spielen. Inszenieren. In aller Freiheit und auf höchstem Niveau. Dass Sie Ihre Kollegen beruhigen. Und dass Sie die Jugend, wie unser Fräulein Angela hier – Angela war doch der Name? – weiter betreuen, und zu Leistungen führen, die sie bisher in sich nicht vermutet hätte. *Streckt die Hand aus.* Im Zweifel für den Angeklagten, Kurt? *Pause.*

KURT KÖPLER Auf den Zweifel. *Drückt vorsichtig die Hand.* Zum Guten oder Schlechten.

DER DICKE *schüttelt weiter Kurts Hand* Nur um ein paar Kleinigkeiten muss ich Sie bitten. Mehr Symbole des guten Willens zwischen uns als Zugeständnisse irgendwem gegenüber.

Auftritt Niklas, schon in Victors Kostüm als Polonius.

DER DICKE *lässt Kurts Hand immer noch nicht los* Und bin ich richtig informiert, dass sich Ihre zwei wichtigsten Schauspielerinnen ins Ausland davongestohlen haben? Das war nicht schön von ihnen. Sie im Stich zu lassen, vor so einer großen Premiere. Darf ich Ihnen einen Tipp geben? Lina Lindenhoff. Eine Freundin von mir. Eine sehr gute Freundin. Lina ist zufällig auch Schauspielerin.

Auftritt Lina Lindenhoff, im Kostüm der Königin Gertrud.

DER DICKE Sie ist noch nicht so gut wie die entlaufene Diva – wie hieß die doch gleich? Diese Rebecca… Aber unsere Lina hat auch nie solche Chancen gehabt. Geben Sie sie ihr. Ich bitte Sie. Wenn sie's nicht schafft, können wir immer noch jemand anders suchen. *Lässt Kurts Hand los.*

MUTTI HILDA »Zimmer der Königin Gertrude« Polonius schon tot auf dem Boden. *Niklas legt sich hin.*

LINA LINDENHOFF ALS GERTRUDE *zu Kurt* »Habt Ihr vergessen, wer ich bin?« *Peinliche Stille.*

MUTTI HILDA
»Nein, beim Kreuz! Wie könnt ich das vergessen?«
Peinliche Stille.
»Nein, beim Kreuz Wie könnt ich das vergessen?« Kurt!

KURT KÖPLER ALS HAMLET *mit Widerwillen*
»Nein, beim Kreuz! Wie könnt ich das vergessen?
Ihr seid die Königin. Weib Eures Mannes Bruders,
Und – wär es doch nicht so! – seid meine Mutter.«

LINA LINDENHOFF ALS GERTRUDE *räuspert sich, stottert*
»Oh Hamlet, Ihr habt Euren Vater tief gekränkt.«

KURT KÖPLER ALS HAMLET *tonlos, verärgert*
»Ihr, Mutter, Ihr habt meinen Vater tief gekränkt.
Habt Ihr noch Augen?«

MUTTI HILDA Nein, Kurt, erst kommt noch: »Seht her, auf dies Porträt…«

KURT KÖPLER Das streichen wir. Wir gehen direkt über zu »Scham, wo ist dein Dingsbums?«

MUTTI HILDA Doch nicht direkt zu: »Scham, wo ist dein Erröten?« Dann fehlt doch das Wichtigste, Kurt!

KURT KÖPLER ALS HAMLET *seufzt* »Habt Ihr noch Augen?
Nennt es nicht Liebe! Denn in Eurem Alter
Ist der Tumult im Blute zahm; es schleicht,
Und wartet auf das Urteil – nun: doch welch

124

Vernünftges Urteil tauschte den für ihn?
Scham, wo ist dein Erröten?«
LINA LINDENHOFF ALS GERTRUDE *immer lauter und hysterischer*
»O Hamlet, Hamlet, sprich nicht mehr!
Du kehrst die Augen recht ins Innre mir:
Die rabenschwarzen Flecken, die ich seh,
Waschen sich nimmer rein!«
KURT KÖPLER ALS HAMLET »Nun, weil Ihr lebt
In Schweiß und Brodem eines eklen Betts,
Gebrüht in Fäulnis; buhlend und sich paarend
Über dem garstgen Nest –«
LINA LINDENHOFF ALS GERTRUDE
                              »Oh, sprich nicht mehr!
Mir dringen diese Wort' ins Ohr wie Dolche.
Nicht weiter, lieber Hamlet! Schweig –«
Will ihn küssen.
KURT KÖPLER ALS HAMLET *wehrt sie ab*
»Schirmt mich und schwingt die Flügel über mir,
Ihr Himmelsscharn! O guter Geist, wo bist du?«
VICTOR MÜLLER *wütend auf die Bühne* Seit wann werden
hier hinter meinem Rücken Proben organisiert?
MUTTI HILDA Aber Vic…
VICTOR MÜLLER *zu Lina* Tut mir Leid, Kind, aber mit dei-
nem Talent hast du hier nichts zu suchen. Geh und lern
einen praktischen Beruf! *Drückt ihr die Hand.* Viel Er-
folg!
LINA LINDENHOFF *verdattert* Hermann?

Niklas steht auf.

VICTOR MÜLLER Was hast du hier zu suchen? Entlassen ist
entlassen, hab ich gesagt. Scher dich weg. Raus!
DER DICKE Der Schuldige bin ich. *Pause.*

VICTOR MÜLLER Wer hat den hier rein gelassen?

DER DICKE Niklas ist auf meine Aufforderung hier. Eine bescheidene, höfliche Bitte. Auf die Kurt so freundlich war einzugehen.

VICTOR MÜLLER Kurt?

NIKLAS WEBER Ich hab's dir doch gesagt, Vic. Du bist entlassen.

VICTOR MÜLLER Ich?

MUTTI HILDA Kurt wird unser neuer Intendant.

DER DICKE Entschuldigung: Generalintendant! Unseres neuen Staatstheaters.

VICTOR MÜLLER *zu Kurt* Du?

Alle ab bis auf Victor und Kurt.

KURT KÖPLER Vic – ich mein es gut, ich tu's zu unserm Besten.

VICTOR MÜLLER Mir einen Dolch in den Rücken jagen – ist das »zu unserem Besten«?

KURT KÖPLER Wie kannst du so was sagen? Du weißt, wie sehr ich dich respektiere. Ohne dich gäbe es diese Truppe nicht, ich selbst wär weniger als nichts. Du hast immer an mich geglaubt, als erster. Alles was ich kann, hab ich von dir gelernt. Du bist für mich der Vater, den ich niemals hatte.

VICTOR MÜLLER Wenn ich dein Vater wäre, würd ich dir jetzt ins Gesicht schlagen.

KURT KÖPLER *den Tränen nah* Ich opfre mich – für euch! Ich werd nur nach Namen und Titel Intendant, die Entscheidungen bleiben bei dir. Ich führe sie aus, du triffst sie hinter den Kulissen. Der Dicke hat auch seine Vorgesetzten, und nicht die unbedeutendsten. Bei ihnen spricht dein Name gegen dich, ich bin relativ unbekannt, insgesamt ein unbeschriebenes Blatt. Das ist ein Trumpf! Warum sollen wir den nicht ausspielen? So hab ich durchsetzen können, dass wir freie Stückwahl behalten. Und auch, dass du bleiben darfst. Gut, nur noch als Schauspieler – aber was macht das schon, Victor? Vielleicht ist es sogar besser? Du wirst auch nicht jünger. Überlass die anstrengenden Aufgaben mir.

VICTOR MÜLLER Wir tanzen nach ihrer Pfeife, Kurt, und sie lachen uns aus.

KURT KÖPLER Aber wir lachen zuletzt. Das ist kein Krieg mit gleichen Waffen, Victor, wir müssen schlauer sein als sie. Was hast du erwartet? Dass wir einen Kampf wie diesen bestehen können, ohne hier und da einen Kompromiss? Was zählt, ist die Zähigkeit unseres Widerstands. Offen, wo's geht, heimlich, wo nötig. Betrachte den Postenwechsel so, und es ist unser erster Sieg. Wir legen das System zusammen rein! *Pause.* Victor?

Pause.

»Nicht durch die Schuld der Sterne, lieber Brutus
Durch eigne Schuld nur sind wir Schwächlinge.«
Pause. Vic? Na, komm…

VICTOR MÜLLER ALS BRUTUS *mit Widerwillen*
»Ja, freilich heißt's, gewillt sei der Senat,
Zum König morgen Cäsarn einzusetzen
Er soll zur See, zu Land die Krone tragen.«

KURT KÖPLER ALS CASSIUS
»Das weiche Herz von Müttern lenket uns
Wenn wir dies Joch ertragen, sind wir Huren.«

VICTOR MÜLLER ALS BRUTUS
»Ich weiß, wohin ich diesen Dolch dann kehre:
Denn Brutus soll von Knechtschaft Brutus lösen!
Noch Burg von Stein, noch Mauer von Metall,

Noch dumpfer Kerker, noch der Ketten Last,
Kann je die Kraft von freien Geistern zähmen.«

KURT KÖPLER ALS CASSIUS
»Das Leben, dieser Erdenschranken satt
Hat stets die Macht, sich selber zu entlassen.«

VICTOR MÜLLER ALS BRUTUS
»Und weiß ich dies, so wiss auch alle Welt:
Dass ich die Tyrannei, die mich bedrückt,
Aus freiem Willn zerbrechen kann.«

KURT KÖPLER ALS CASSIUS »Ich auch!« *Lacht.*

VICTOR MÜLLER *umarmt Kurt* Tut mit Leid, mein Freund.
Dass ich wagte, an dir zu zweifeln.

KURT KÖPLER Jeder hat Recht auf einen schwachen Moment. Selbst du, Vic. Selbst jemand wie du.

I.3 Ich hab dir nie einen Kirschgarten versprochen

Kurt ist allein auf der Bühne, schreibt einen Brief. Auf einer Videowand Rebecca, im Exil, ebenfalls einen Brief schreibend. Während sie ihre Briefe lesen, schneit es Kirschblüten, die nach und nach die ganze Bühne bedecken.

REBECCA FÜCHS Lieber Kurt, erinnerst du dich noch an das Kabarettlied »Küss die Faschisten!«? Das sollte ich jetzt tun. Sie küssen lernen. Ihnen verdanke ich, dass ich hier bin. Ich genieße es wie den Urlaub, den ich eigentlich nie nehmen wollte: Endlich habe ich Zeit für mich selbst.

KURT KÖPLER Liebe Rebecca, alles läuft, wie ich erhofft habe. Es hat sich nichts geändert. Oder doch – ich müsste lügen: Unser Ernst und Einsatz hat sich geändert, und unsere Rolle. Sie wiegen so viel schwerer. Überall wird über uns geredet. Vielleicht ist ein bisschen Faschismus gar nicht so schlecht für die Kunst.

REBECCA FÜCHS Nur eines fehlt mir, fehlt mir entsetzlich: Und das bist du, mein Herz.

KURT KÖPLER Komm doch zurück, Rebecca. Das Publikum sehnt sich nach dir, man wird dich mit offenen Armen empfangen. Vor allem natürlich ich.

REBECCA FÜCHS Gib endlich zu: Du hast dich geirrt.

KURT KÖPLER Gib zu, dass du dich geirrt hast.

REBECCA FÜCHS Komm und flieh zu uns!

KURT KÖPLER Unsere Truppe ist ein Symbol des Widerstands. Du wärst stolz auf uns, wenn du das sehen könntest.

REBECCA FÜCHS Ich bekomme reihenweise Angebote. Ich führe ein interessantes Gespräch nach dem anderen.

KURT KÖPLER Erst jetzt habe ich das Gefühl, etwas wirklich Wesentliches zu tun.

REBECCA FÜCHS Es ist, als bekäme ich eine zweite Jugend geschenkt.

KURT KÖPLER Manchmal kommen nach der Vorstellung heimlich Leute zu uns, um sich für *ein* kritisches Wort auf der Bühne zu bedanken.

REBECCA FÜCHS Bald ist es hier für mich genauso verrückt und hektisch wie früher!

KURT KÖPLER Wenn wir nicht in unserem Theater spielen, tun es andere – Schlechtere, Dümmere, Schwächere –, und dann ginge eine der stärksten Stimmen der Opposition verloren. Und was käme stattdessen? Hirnlose Historiendramen und alberne Heimatschinken.

REBECCA FÜCHS Ich muss noch oft an die Stimmung damals bei der Wahl denken, und an den Tagen davor. Das Gefühl der Bedrohung hat sich auf ewig meinem Herzen eingebrannt.

KURT KÖPLER Die Arbeitslosigkeit verschwindet, die Wirtschaftskrise scheint gebannt, und Inflation herrscht nur noch in unserem Wortschatz.

REBECCA FÜCHS Willst du mir erzählen, dass man keinerlei Druck auf euch ausübt? Dass man euch nirgends gängelt?

KURT KÖPLER Die Vorsilbe »Volk« wird öfter in Reden und Schriften eingestreut als Salz in Sülze und Pökelfleisch.

REBECCA FÜCHS Ich verstehe, dass du mich beruhigen willst, aber wir lesen hier jeden Tag über die wahren Zustände bei euch, hinter der schillernden Fassade des wirtschaftlichen Erfolgs.

KURT KÖPLER Volksfeste!

REBECCA FÜCHS Gegner werden mundtot gemacht oder erpresst.

KURT KÖPLER Volksgenossen!

REBECCA FÜCHS Leute wie ich aus Fabriken und Universitäten entlassen und in separaten Vierteln zusammengetrieben.

KURT KÖPLER Volksgemeinschaft!

REBECCA FÜCHS Erzähl mir nicht, dass Gewalt nicht selbstverständlich zur offiziellen Politik bei euch gehört.

KURT KÖPLER Die Nachbarn sind entweder volksverbunden oder volksfremd.

REBECCA FÜCHS Dass euer Propagandaminister nicht heute vorgibt, was die Zeitungen morgen zu schreiben haben.

KURT KÖPLER Und bald fahren wir alle einen Volkswagen.

REBECCA FÜCHS Ganz zu schweigen von der Berichterstattung im Radio.

KURT KÖPLER Du darfst nicht alles glauben, liebe Rebecca, was die ausländische Presse bei euch da draußen an Propaganda verbreitet.

REBECCA FÜCHS Wem kann ich noch glauben, Kurt?

KURT KÖPLER Von der Lehre der Rachsucht und Zwietracht dürfen wir uns nicht anstecken lassen.

REBECCA FÜCHS Und was glaubst du inzwischen selbst?

Auftritt Nicole Naumann, mit Reisekoffer.

KURT KÖPLER Die Zeit rast und lässt sich nicht zurückdrehen. Ich hasse die physische Distanz, zu der wir, gegen unseren Willen, verurteilt sind.

REBECCA FÜCHS Es hat wenig Sinn, sich über das Unabänderliche zu grämen. Dann könnte ich genauso gut endlos bedauern, dass wir uns nicht begegnet sind, als wir viel jünger waren.

KURT KÖPLER Es ist so eine Gemeinheit des Schicksals, dass du und ich nicht an den großen Werken weiterarbeiten können, mit denen wir gerade erst begonnen hatten.

REBECCA FÜCHS ALS JULIA

»Willst du schon gehn? Der Tag ist ja noch fern.
Es war die Nachtigall, und nicht die Lerche,
Die eben jetzt dein banges Ohr durchdrang.«

KURT KÖPLER ALS ROMEO

»Die Lerche war's, die Tagverkünderin,
Und nicht die Nachtigall, mein Lieb.
O sieh den neidschen Streif,
Der dort im Ost der Frühe Wolken säumt:
Die Nacht hat ihre Kerzen ausgebrannt,
Nur Eile rettet mich, Verzug ist Tod.«

REBECCA FÜCHS ALS JULIA

»O Romeo!
Trau mir, das Licht ist nicht des Tages Licht,
Die Sonne hauchte dieses Luftbild aus,

Dein Fackelträger diese Nacht zu sein,
Dir auf dem Weg nach Haus zu leuchten;
Drum bleibe noch: zu gehn ist noch nicht Not.«

KURT KÖPLER ALS ROMEO
»Lass sie mich greifen, ja, lass sie mich töten!
Ich gebe gern mich drein, wenn du es willst.
Willkommen, Tod! Hat Julia dich beschlossen. –
Nun, Herz? Noch tagt es nicht, noch plaudern wir.«

REBECCA FÜCHS ALS JULIA
»Es tagt, es tagt! Auf! Eile! Fort von hier!
Es ist die Lerche, die so heiser singt
Man sagt, der Lerche Harmonie sei süß;
Nicht diese: sie zerreißt die unsre ja.
Stets hell und heller wird's: wir müssen scheiden.«

KURT KÖPLER ALS ROMEO
»Hell? Dunkler stets und dunkler unsre Leiden!«

REBECCA FÜCHS Mach dir bei dir nicht allzu viele Sorgen.

KURT KÖPLER Mach dir bei dir nicht allzu viele Sorgen.

REBECCA FÜCHS und KURT KÖPLER *zusammen* Das tu ich
aber doch. Bei mir. Und zwar um dich.

KURT KÖPLER Bis bald.

REBECCA FÜCHS Bis bald. *Freeze.*

NICOLE NAUMANN Sie lügt. *Stellt den Koffer ab.* Es ist ein
Drama auf der ganzen Linie.

KURT KÖPLER Nicole?

NICOLE NAUMANN Niemand kannte uns. Politische Flücht-
linge hin oder her, keiner wollte mit uns zu tun haben,
sie behandelten uns wie Schmarotzer. Und hier hetzten
die Zeitungen gegen uns: »Hochbezahlte Deserteure, die
in ihren Badeorten an der Côte d'Azur den Luxusmärty-
rer geben.« »Vaterlandsverräter, die jene, die der Heimat die Treue halten und am Neubau des Staates mitar-
beiten, in der internationalen Presse verleumden.«

KURT KÖPLER Konntest du Rebecca nicht überzeugen, auch zurückzukommen?

NICOLE NAUMANN Rebecca lebt nicht in der Realität, sondern in einem Luftschloss aus Selbstbetrug. In all den Monaten hat sie nicht einmal auf der Bühne gestanden. Selbst ich, mit all meinen Fremdsprachen und Diplomen, fand nicht mal eine Stelle als Statistin. Tellerwaschen im Restaurant? Ich kann das nicht. Ich bin Schauspielerin. Ich kenn mich mit dem Gestank der Armut nicht aus. Und ich kann ihn nicht mit Alkohol und Träumen übertünchen, so wie Rebecca.

KURT KÖPLER Und die anderen, die mit dir gegangen sind?

NICOLE NAUMANN Die Bande Snobs? Die streiten den ganzen Tag, nennen sich gegenseitig Spion oder boten sich gegenseitig aus, auf der Suche nach einer Stelle. Ich wollte nicht so enden wie sie. Es war beschämend, wie sie sich in ihren Cafés und Kneipen aufführten, als könnten sie von dort die Welt regieren. Was können sie denn schon bewirken, Hunderte von Kilometern von hier, weit weg von allem? So ohnmächtig will ich nicht bleiben. Ich will hier etwas tun.

KURT KÖPLER Da hast du Recht. Wenn du wiederkommst, können wir vielleicht auch Rebecca überzeugen?!

NICOLE NAUMANN Kurt, darf ich bitte auch nur für mich allein zurückkehren? Mir hast du auch gefehlt, weißt du. Und Victor. Und Mutti. Ihr alle.

KURT KÖPLER Aber natürlich, Nicole, tut mir Leid, so hab ich das nicht gemeint. *Umarmt sie.* Vergib mir meine Sorgen um Rebecca. Das ist im Grunde nur ein Kompliment an dich. Du wirkst immer so stark! Aber starke Schultern leiden auch. Das haben du und ich gemeinsam. Das kenne ich von mir.

Auftritt der Dicke, hinter ihm Mutti, Niklas, Lina und Victor.

NICOLE NAUMANN Du glaubst nicht, wie leer und elend ich mich gefühlt habe, Kurt. Welche Demütigungen ich über mich ergehen lassen musste, nur um zu überleben. In die Volksküche zur Armenspeisung wollte ich nicht gehen, dazu war ich zu stolz. Einmal, in einer Bar, hat einer mir Geld angeboten. Ich ging nicht drauf ein. Aber ganz kurz, für einen Moment, dachte ich: Warum eigentlich nicht? Besser fünfzehn Minuten Ekel als tagelang einen leeren Magen… Fast hätte ich das Geld und seinen Vorschlag angenommen! Ich fühlte mich so beschmutzt, Kurt. Nichtswürdig, wertlos. Jetzt weiß ich, wie sehr die Wirklichkeit ein Menschenleben zerfressen kann. Früher hieß so etwas Schicksal. Heute heißt es »Politik«.

KURT KÖPLER Wir sind nicht wertlos, wir sind wichtig. Wir sind ein Fanal gegen die Mutlosigkeit. Wir spielen immer noch die großen Meisterwerke.

LINA LINDENHOFF ALS LJUBOV *unbeholfen* »Was sollen wir denn tun, wenn unsere Tante aus Jaroslavl uns kein Geld schicken will?«

NICOLE NAUMANN *lebt auf* Nein!? »Der Kirschgarten«?

KURT KÖPLER Wärst du früher zurückgekehrt, hättest du die Ljubov spielen können.

LINA LINDENHOFF ALS LJUBOV »Raten Sie uns, mein lieber… Mein lieber…« *Stockt.*

MUTTI HILDA *liest* »Ermolaj Alekseevič Lopachin.«

LINA LINDENHOFF *stampft mit den Füßen* Diese russischen Namen aber auch immer! Das macht mich noch wahnsinnig. Warum haben bei Čechov alle immer mindestens drei davon?

134

DER DICKE Das ist das slawische Denkvermögen, daran musste der Mann sich anpassen: Drei Schuss, ein Treffer.

KURT KÖPLER *seufzt* Dann nenn mich das ganze Stück eben Lopachin.

LINA LINDENHOFF *piepsig* Geht das denn so einfach? Werden die Kenner mich nicht auslachen?

KURT KÖPLER Die meisten Volksgenossen werden es nicht merken.

LINA LINDENHOFF O danke, Kurt, danke! »Was soll ich tun, Lopachin?«

KURT KÖPLER ALS LOPACHIN »Den Kirschgarten verpachten, Ljubov Andreevna Ranevskaja. Ihr ganzes Landgut. Alles parzellieren und mit Ferienhäusern bebauen − und zwar jetzt, so schnell wie möglich − die Auktion steht vor der Tür. Ich beschwöre Sie. Entscheiden Sie sich endlich.«

LINA LINDENHOFF ALS LJUBOV »Ferienhäuser, Sommergäste − verzeihen Sie, das klingt mir alles so bürgerlich banal.«

VICTOR MÜLLER ALS GAEV *spielt betrunken* »Ganz deiner Meinung, liebe Schwester.«

KURT KÖPLER ALS LOPACHIN »Mein Gott! Entweder fange ich jetzt an zu schluchzen, oder loszuschreien, oder ich falle in Ohnmacht. Ich kann nicht mehr, Gaev! So hilfst du mir, so lässt du mich fallen. Ein betrunkenes altes Weib, das bist du!«

VICTOR MÜLLER ALS GAEV »Wie, was?«

KURT KÖPLER ALS LOPACHIN »Ein altes Weib! Erschöpft und ausgebrannt!« *Will gehen.*

LINA LINDENHOFF ALS LJUBOV »Nein, gehen Sie nicht, bleiben Sie, lieber Freund. Ich bitte Sie. Vielleicht finden wir ja doch noch einen Ausweg!«

135

KURT KÖPLER ALS LOPACHIN »Was für Auswege sollen einem hier denn noch einfallen?«

LINA LINDENHOFF ALS LJUBOV »Wenigstens heitern Sie mich etwas auf. Ich habe das Gefühl, dass uns etwas bevorsteht. Als müsste über uns das Haus einstürzen.«

ANGELA ALS ANJA »Liebe, schöne Mama, wein doch nicht! Wir pflanzen anderswo einen neuen Kirschgarten, prächtiger als diesen, weit von hier. Du wirst ihn sehen, wirst ihn begreifen, eine Freude, stille, tiefe Freude wird sich auf deine Seele senken wie die Sonne über eine Landschaft zur Abendstunde.« *Umarmt Lina.*

VICTOR MÜLLER ALS GAEV »Mit Contreeffet. Doublette in die Ecke. Karambolage!«

NICOLE NAUMANN ALS VARJA »Das Haus, in dem wir wohnen, Mamachen, ist schon längst nicht mehr unser Haus, und ich werde auch ohne Verkauf fortgehen, ich gebe dir mein Wort. Den ganzen Tag geh ich dem Haushalt nach und träume, träume! Könnte ich nur einen reichen Mann finden. Für Anja. Und Dunjaša. Und auch für Šarlotta.«

LINA LINDENHOFF ALS LJUBOV »Und du dann, meine liebe Varja? Und du dann?«

NICOLE NAUMANN ALS VARJA »Ich könnte endlich meine Russische Wallfahrt machen, Mamachen, wenn's sein muss, in Eis und Schnee. Erst Kiew, dann Moskau, dann St. Petersburg. Alle heiligen Orte. Bis ich – zu guter Letzt – nicht mehr weiter könnte und stecken bliebe, in der Unermesslichkeit unserer ewigen Steppen.«

LINA LINDENHOFF ALS LJUBOV *weint schwülstig* »Ach, meine beiden lieben Töchter – Was müssen wir gesündigt haben, dass wir das hier verdient haben!?«

KURT KÖPLER ALS LOPACHIN *seufzt* »Wieso – was haben Sie schon für Sünden, Ranevskaja Andreevna?«

136

VICTOR MÜLLER ALS GAEV *steckt sich ein Bonbon in den Mund* »Man sagt, ich hätte mein ganzes Vermögen in Form von Bonbons aufgegessen…« *Kichert.* »Ich! Bonbon für Bonbon!«

KURT KÖPLER ALS LOPACHIN »Was für Sünden, Ljubov Ranevskaja Andreevna?«

NIKLAS WEBER ALS TROFIMOV »Seht ihr denn nicht, dass von jedem Kirschbaum im Garten, von jedem Blättchen, von jedem Stamm menschliche Wesen euch anstarren? Hört ihr sie nicht, all die anklagenden Stimmen?«

LINA LINDENHOFF ALS LJUBOV »Hör auf Trofimov! Foltre uns nicht so!«

ANGELA ALS ANJA »Hör auf!«

VICTOR MÜLLER ALS GAEV »Bonbon für Bonbon!«

NICOLE NAUMANN ALS VARJA »Hör auf! Du folterst uns, du folterst uns!« *Hält sich die Ohren zu.*

NIKLAS WEBER ALS TROFIMOV »All eure Vorfahren waren Leibeigenenbesitzer, sie herrschten über lebende Seelen. Das hat euch doch alle entartet, so sehr entartet, dass Mutter, Onkel und beide Töchter gar nicht mehr bemerken, dass sie schon lang auf Pump leben, auf Kosten jener Menschen, auf die sie herabsehen wie auf Ungeziefer.«

KURT KÖPLER ALS LOPACHIN »Du hast leicht reden, Trofimov: Du bist ein Schmarotzer und ewiger Student!«

NIKLAS WEBER ALS TROFIMOV »Wir alle haben leicht reden. Wir Russen sind um mindestens zweihundert Jahre zurückgeblieben, wir haben noch gar nichts – nicht mal eine Vergangenheit, auf die wir stolz sein können. Wir philosophieren nur, wir nörgeln, klagen über das Wetter oder die Qualität des Wodkas. Aber um ein Leben in der Gegenwart aufzubauen, müssen wir zuerst unsere Vergangenheit sühnen, und das kann man nur durch

Leiden, durch übermenschliche, ununterbrochene Mühen, gewaltige Opfer. Durch Leiden! Leiden!«

VICTOR MÜLLER ALS GAEV »Bonbon für Bonbon! Karambolage!«

LINA LINDENHOFF ALS LJUBOV »Meine Vorfahren tragen keine Schuld. Es sind meine Sünden.«

ANGELA ALS ANJA »Aber Mamachen!«

LINA LINDENHOFF ALS LJUBOV »Meine Sünden!«

NICOLE NAUMANN »Beruhige dich doch, Mama.«

MUTTI HILDA *liest* »Quatsch! Entscheiden…«

KURT KÖPLER *verärgert* Ich weiß, Mutti. Ich weiß!

MUTTI HILDA Verzeihung, Kurtchen! Mein Fehler.

KURT KÖPLER ALS LOPACHIN »Quatsch! Entscheiden Sie sich nur endlich, Ljubov Ranevskaja Andreevna!«

LINA LINDENHOFF ALS LJUBOV »Ich habe mit Geld um mich geworfen, ich habe einen Mann geheiratet, der nichts als Schulden machte. Mein Mann ist am Champagner gestorben.«

VICTOR MÜLLER ALS GAEV »Champagner?« *Blickt um sich.* »Karambolage…«

LINA LINDENHOFF ALS LJUBOV »Ich begann eine Liaison, und die Strafe folgte sofort. Ich ging ins Ausland, um ihn nie mehr zu sehen, und er mir nach, er plünderte mich aus und brannte mit einer anderen durch. Ich versuchte, mich zu vergiften… und da!« *Steht auf, schluchzt laut.* »Und plötzlich zog es mich in die Heimat, zu meinen beiden Mädchen und… meinem Kirschgarten!« *Holt ein Telegramm hervor.* »Und seitdem? Jeden Tag? Ein Telegramm! Aus dem Ausland! Hört es denn niemals auf? Er bittet um Vergebung, fleht mich an zurückzukehren… Vergebung? Hier!« *Zerreißt das Telegramm, sinkt erschöpft zusammen.* Aber… Hört ihr das auch?« *Hält die Hand ans Ohr.* »Mir ist, als hör ich himmlische Musik.«

KURT KÖPLER ALS LOPACHIN *hält ebenfalls die Hand ans Ohr* »Ich höre nichts.« *Kirschblüten verschwinden.*

VICTOR MÜLLER ALS GAEV *Hand am Ohr* »Aber das ist… Das ist… unser berühmtes jüdisches Orchester! Vier Geigen, Flöte und Kontrabass. Weißt du noch, Ljubov?« *Summt.* »Ah! Unser berühmtes jüdisches Orchester!« *Pause.*

LINA LINDENHOFF ALS LJUBOV »Unser jüdisches Orchester?« *Pause.*

NIKLAS WEBER ALS TROFIMOV »Es existiert noch?« *Lange, peinliche Stille.*

MUTTI HILDA *liest* »Dann müssen wir sie dringend mal einladen.« *Pause.* »Hier eine Vorstellung zu geben.« *Pause.*

KURT KÖPLER Okay! *Klatscht in die Hände.* Kaffeepause! Vielen Dank, an alle!

DER DICKE Ich will kein Miesmacher sein, aber ich hab schon brillantere Proben gesehen. Auch von Ihnen. Kein Vorwurf, dass wir uns nicht falsch verstehen. Probieren geht über studieren, auch am Theater. Oder wie war Ihre Devise gleich wieder? »Stottern ist besser als skandieren«?

KURT KÖPLER Stammeln ist besser als schreien.

DER DICKE Trotzdem: Sie stammeln heut schon sehr viel. Und sie machen immer so: *Imitiert einen Tick von Köpler.* Ist Ihnen das aufgefallen? »Entscheiden Sie sich endlich!« Und dann machen sie so.

VICTOR MÜLLER *offenbar wirklich betrunken* Karambolage!

KURT KÖPLER Kann schon sein. Ich werd drauf achten.

DER DICKE Aber nein! Ich bitte Sie! Bleiben Sie ganz Sie selbst, authentisch, wie Sie sind. Es ist nur…

KURT KÖPLER Was?

DER DICKE *zeigt auf das Bühnenbild* Ist das hier die Probendekoration oder schon eine Vorstudie zum Bühnenbild? *Pause.*

KURT KÖPLER Das ist das Bühnenbild.

DER DICKE Überweisen wir Ihnen nicht genug? Sind die Zuschüsse zu niedrig? Ein Wort, und ich erhöhe sie.

KURT KÖPLER Höhere Zuschüsse sind immer willkommen. Doch das hier ist – und bleibt – das Bühnenbild.

DER DICKE *nickt* Oh... *Pause.* Aber werden die Leute das nicht für Weihnachtsschmuck halten?

KURT KÖPLER Die Leute wissen, dass das Stück »Der Kirschgarten« heißt.

DER DICKE Eben drum: Könnten Sie nicht ein paar echte Kirschbäume aufstellen und umhacken? So schwer kann das doch nicht sein?

KURT KÖPLER Ein Bühnenbild darf die Wirklichkeit nicht abbilden. Es muss sie darstellen.

VICTOR MÜLLER Bonbon für Bonbon, Glas für Glas!

DER DICKE Also so hier... so stellen Sie sich einen ganzen, großen Kirschgarten vor?

KURT KÖPLER Es stellt die Welt hinter dem Kirschgarten dar.

Pause.

DER DICKE Die hatte ich mir ganz anders vorgestellt. Die Welt hinter dem Kirschgarten.

KURT KÖPLER Das ist Ihr gutes Recht. Das nennt man »die Emanzipation des Zuschauers.«

VICTOR MÜLLER Karambolage!

DER DICKE *lacht* Gut, gut! Ich will mich nicht einmischen, Herr Köpler.

KURT KÖPLER Verbindlichsten Dank.

DER DICKE Womit ich allerdings wirklich ein ziemliches Problem habe, ist Ihre Stückwahl: Čechov. War das eben wirklich eine Szene von ihm?

KURT KÖPLER Es ist eine Collage. Ein Kondensat.

DER DICKE Tja. Das hat man von den Russen. Uferlos. Dieses ewige Sich-nicht-entscheiden-können. Schiller wäre das nie passiert, oder Goethe. Darum hat mich Ihre Entscheidung auch so überrascht. Ein Russe? Wo unsere Volksgemeinschaft doch gerade vor historischen Triumphen steht, gegen die Verschwörung von Plutokratie und Bolschewismus?

KURT KÖPLER Anton Čechov ist zeitlos.

DER DICKE Herr Müller!? Würden Sie den »Kirschgarten« wieder ins Repertoire nehmen? Wenn Sie noch Intendant wären, meine ich?

VICTOR MÜLLER Wer, ich? Čechov? Ich glaube nicht.

DER DICKE Ach? Und warum nicht?

VICTOR MÜLLER *widerwillig* Čechov ist durch und durch bürgerlich. Was können unsere Arbeiter daraus schon lernen, aus dieser sentimentalen, oberflächlichen Analyse von Zarismus und Großgrundbesitzertum, für das sie auch noch Sympathie empfinden sollen?

DER DICKE *zu Kurt* Da sehen Sie's. Ihr Genosse hält auch nicht viel davon.

LINA LINDENHOFF Schweinchen, hör auf. Kein anderer Autor hat solche Frauenrollen geschrieben und eine so feine Nase für den Streit der Geschlechter. Wenn Anton Čechov irgendwas ist, dann zu groß – für uns alle.

DER DICKE Das haben wir an deinem Spiel gemerkt.

VICTOR MÜLLER Karambolage!

LINA LINDENHOFF Das machst du immer! Mich vor wildfremden Leuten bloß stellen!

DER DICKE Aber…

LINA LINDENHOFF *unter Tränen* Wie soll ich mich denn weiterentwickeln, wenn ich nie Zeit und Gelegenheit zum

Experimentieren bekomme? Dauernd bist du hier, dauernd guckst du mir auf die Finger, du erdrückst mich!

DER DICKE Aber Ferkelchen, so mein ich das doch nicht? Du kannst alles. Es liegt an diesem Čechov.

LINA LINDENHOFF *stampft mit den Füßen auf* Anton Čechov ist fantastisch!

KURT KÖPLER Anton Čechov hält uns allen den Spiegel vor. Mann und Frau, Arbeiter und Mächtigem, Schacherer und Scharlatan. Er beschreibt die uralte Tragikomödie namens »Mensch«.

DER DICKE Der Mensch, der Mensch... Der Mensch an sich wird stark überschätzt.

KURT KÖPLER Čechov ist der Chronist des modernen Lebensgefühls.

MUTTI HILDA Der Russe ist nur eins, Kurtchen: Und das ist totlangweilig.

DER DICKE Da sehen Sie's. Ihre Mutter sagt es auch.

MUTTI HILDA Eine Handlung, mager wie ein Kriegshuhn, sinnlose Dialoge, viel zu viele Pausen, alle Figuren langweilen sich, und das Publikum genauso. Wie hieß das letzte Stück gleich wieder?

KURT KÖPLER »Drei Schwestern«.

LINA LINDENHOFF Wunderbare Rollen! Alle drei!

ANGELA Ein Meisterwerk.

NICOLE NAUMANN Herrlich.

MUTTI HILDA Also jetzt macht aber einen Punkt! Schon ab der ersten Szene ist alles erzählt. Immer dasselbe. »Nach Moskau! Nach Moskau!« Dann geht doch nach Moskau, ihr drei dummen Gänse, die ihr seid!

KURT KÖPLER Bleib du mal bei deinen Thermoskannen und deinem Strickzeug!

VICTOR MÜLLER Kurt, so redet man nicht mit seiner Mutter!

DER DICKE Das finde ich auch.

MUTTI HILDA Reg dich nicht auf, Vic. Er will hier nur den Bösen Buben markieren, dir, mir, uns allen gegenüber – allen, die's gut mit seiner Karriere meinen.

KURT KÖPLER Gut meinen?

MUTTI HILDA Du schämst dich für unsere Hilfe, und gleichzeitig baust du darauf. So bist du. Ich bin nicht blind! Und auch nicht taub!

KURT KÖPLER Mutti, so hab ich das doch nicht gemeint…

DER DICKE Aber Freunde! Ich bitte euch! Doch nicht streiten! Es geht mir schon längst nicht mehr um diesen Čechov. Das Niveau des Spiels, das ist etwas anderes. *Ausholende Geste.* Wir sind hier immerhin im Staatstheater. Die Mutter unserer Kultur und unserer ruhmreichen Hauptstadt. Ihr, liebe Freunde, seid hoch bezahlte Botschafter: unserer Identität, unseres reinen Bluts, des Tausendjährigen Reichs, des Reichskanzlers persönlich, und jedes Soldaten, der gemäß dem Treueschwur zu unserem Volk bereit ist, bald für jeden von euch sein Leben zu geben. Dafür ist nur das Allerbeste gut genug.

LINA LINDENHOFF *greint* Ich kann's einfach nicht besser, Schweinchen. Ich kann's nicht.

DER DICKE Momentan sehe ich hier nur eine Person, die den hohen Anforderungen unserer Volksgemeinschaft entspricht. *Pause.* Und das ist Frau Naumann.

NICOLE NAUMANN *verblüfft* Ich?

DER DICKE Unser Volk ist dankbar, Nicole, eine so schmählich verloren geglaubte Tochter wieder in unserer Mitte begrüßen zu dürfen. Machen Sie sich keine Sorgen wegen Ihres Fehltritts. Wer von uns kann sagen: Ich bin ohne Schuld? Nehmen Sie ruhig mich als Beispiel. Im Ersten Weltkrieg habe ich mir als Flieger eine üble Schussverletzung geholt. Keinen Tag bin ich seither ohne Schmerzen und ohne Medizin. Keinen einzigen! Und wagt es irgendjemand hier, mir ins Gesicht zu sagen, ich sei ein Süchtiger? *Schaut Kurt und Victor herausfordernd an.* Ein Morphinist?

LINA LINDENHOFF Aber Schweinchen...

DER DICKE Nun, dann soll ab heute auch Frau Naumanns Fehler unter dem Mantel der Liebe verborgen sein. *Gibt ihr einen Handkuss.* Durch ihre Schönheit eine Zierde unserer Rasse. Durch ihre Herkunft und Erziehung eine Zierde unserer Kultur. *Küsst sie auf die Stirn.*

Lina Lindenhoff beleidigt ab.

NIKLAS WEBER Typisch.

DER DICKE Wie bitte?

NIKLAS WEBER Die neue Elite kriecht der alten hinten rein. Wie die Schlange, die in die Haut zurück kriecht, die sie angeblich abgestreift hatte.

DER DICKE *lacht* Was für ein Feuer! Was für eine Poesie! Bald kannst du doch noch die Rolle als degenerierter russischer Student spielen.

NIKLAS WEBER Für Leute wie Sie hab ich mir den Arsch aufgerissen, euch in den Sattel geholfen, und jetzt schaut ihr genauso auf uns runter wie die Bonzen von früher. Der Čechov war noch nie so aktuell. Ein toter Russe öffnet uns die Augen. Parvenü!

DER DICKE Wie war gleich wieder dein Name? Und die Parteimitgliedsnummer?

NIKLAS WEBER Hier ist mein Parteiausweis, mein Herr vom Fliegen! »Niklas Weber.« Und schon länger Mitglied als Sie. *Zerreißt die Karte.* Und dreimal länger als Ihre blöde Kuh.

I.4 Was wollen alle nur von mir?

Angela zieht sich zur Ophelia um und probiert allein. Auf einer Videowand probt auch Rebecca, ebenfalls allein, im Exil. Beide benutzen eine Bandaufzeichnung, auf der die Repliken von Kurt gesprochen werden. Kurt selbst spricht und probt »live« auf der Vorderbühne mit Nicole. Im Hintergrund sitzt Mutti Hilda und liest in alten Textbüchern.

REBECCA FÜCHS ALS GRETCHEN »Meine Mutter, die Hur, die mich umgebracht hat…«

KURT KÖPLER ALS HAMLET »Und seid Ihr tugendhaft, Ophelia?«

ANGELA ALS OPHELIA »Pardon, mein Prinz?«

REBECCA FÜCHS ALS GRETCHEN »Mein Vater, der Schelm, der mich gessen hat.«

KURT KÖPLER ALS HAMLET »Und seid Ihr schön?«

REBECCA FÜCHS ALS GRETCHEN »Mein Schwesterlein klein Hub auf die Bein…«

ANGELA ALS OPHELIA »Was meint Ihr nur, mein Prinz?«

REBECCA FÜCHS ALS GRETCHEN »Hub auf die Bein, an einem kühlen Ort…«

KURT KÖPLER ALS HAMLET »Dass, wenn ihr tugendhaft und schön seid, Eure Tugend keinen Verkehr mit Eurer Schönheit pflegen darf.«

REBECCA FÜCHS ALS GRETCHEN
»Da ward ich ein schönes Waldvögelein;
Sieh nur: ich flieg!«

ANGELA ALS OPHELIA »Prinz Hamlet: Könnte Schönheit wohl bessern Umgang haben als mit der Tugend?«

REBECCA FÜCHS ALS GRETCHEN »Sieh nur: ich flieg!«

KURT KÖPLER ALS HAMLET »Die Macht der Schönheit wird eher die Tugend in eine Kupplerin verwandeln, als die

Kraft der Tugend die Schönheit sich ähnlich machen kann. Dies war ehedem paradox, aber nun weiß es jedes Kind. Ich liebte euch vor langer Zeit.«

REBECCA FÜCHS ALS GRETCHEN »Sieh nur: ich flieg!«

ANGELA ALS OPHELIA »In der Tat, mein Prinz, Ihr machtet mich's glauben.«

KURT KÖPLER ALS HAMLET »Ihr hättet mir nicht glauben sollen: Ich liebte euch nie.«

ANGELA ALS OPHELIA »Umso mehr wurde ich betrogen.«

REBECCA FÜCHS ALS GRETCHEN »Sieh nur: ich flieg!«

KURT KÖPLER ALS HAMLET »Geh fort, geh in ein Kloster! Schnell! Leb wohl! Oder willst du durchaus heiraten, nimm einen Narren; denn gescheite Männer wissen, was für gehörnte Ungeheuer ihr aus ihnen macht. Nun geh! Und schleunig!«

REBECCA FÜCHS ALS GRETCHEN »Sieh nur: ich flieg!«

NICOLE NAUMANN Und hast du nie Angst, dass sie dir den Laden eines Tages doch noch zumachen und uns rauswerfen? Oder noch schlimmer: dass Krieg ausbricht?

KURT KÖPLER Doch nicht wieder Politik? Wer vom Elend spricht, beschwört es herauf. Wenn du ein Loch aus der Jacke zu schneiden versuchst, machst du es nur noch größer.

NICOLE NAUMANN Wir leben in diesem Loch und im Elend.

ANGELA ALS OPHELIA »Himmlische Mächte, stellt ihn wieder her!«

KURT KÖPLER ALS HAMLET »Gott hat euch ein Gesicht gegeben, und ihr malt euch ein anderes darüber. Ihr tut schön und lasst eure Hurigkeit als Naivität erscheinen. Genug! Geh in ein Frauenhaus, du machst mich wahnsinnig! Hau ab! Geht weg! Verreck! Und lass dich hier nie wieder sehn!«

146

REBECCA FÜCHS ALS GRETCHEN
»Bin ich doch noch so jung, so jung!
Schön war ich auch, und das war mein Verderben.
Nah war mein Freund, nun ist er weit;
Fasse mich nicht so gewaltsam an!
Schone mich!«
NICOLE NAUMANN Hast du denn wirklich niemals Angst?
KURT KÖPLER Sie fürchten sich vor uns, solange wir beliebt sind.
NICOLE NAUMANN Ach? Und was macht mich zum Beispiel beliebt?
KURT KÖPLER Eine Zierde unserer Nation ist zurückgekehrt. Um Freud und Leid mit uns zu teilen. Du gibst uns Mut zum Durchhalten.
REBECCA FÜCHS ALS GRETCHEN »Heinrich – Du bist's.
Kommst mich zu retten!?«
NICOLE NAUMANN Mut ist auch nur eine Art Trost. Genügt das denn? Nichts als Trost?
REBECCA FÜCHS ALS GRETCHEN
»Oh deiner Rede Zauberfluss…«
KURT KÖPLER ALS FAUST
»Nicht jetzt! Komm mit! Komm mit!
Wenn du nicht eilest,
Werden wir's teuer büßen müssen.«
KURT KÖPLER Trost ist das Höchste, was ein Mensch dem anderen schenken kann: Das Wesen aller Kunst. Und du und ich tun zusammen noch mehr.
NICOLE NAUMANN *geschmeichelt* So? Du und ich?
REBECCA FÜCHS ALS GRETCHEN
»Dein Händedruck, und ach, dein Kuss!
Mein Busen drängt sich nach ihm hin;
Ach, dürft ich fassen und halten ihn!

Und küssen ihn, so wie ich wollt,
An seinen Küssen vergehen sollt.«

KURT KÖPLER Wir können die Braunhemden unbemerkt zum Narren halten, denn sie bewundern uns. Sie beneiden unser Metier, weil sie aus der Welt selbst eine Bühne machen wollen.

REBECCA FÜCHS ALS GRETCHEN
»O weh! Und jetzt? Deine Lippen sind kalt.
Sind stumm wie ein Grab.
O Heinrich
Wo ist dein Lieben
Geblieben.
Wer brachte mich drum?«

KURT KÖPLER ALS FAUST
»Ich herze dich mit tausendfacher Glut!
Nur folge mir! Ich bitt dich nur dies.«

NICOLE NAUMANN Wenn das so einfach wär.

KURT KÖPLER Es ist so einfach. Was ist die Definition von »Nazismus«?

NICOLE NAUMANN Nationalsozialismus?

KURT KÖPLER *grinst* Fast richtig.

NICOLE NAUMANN Sozialistischer Nationalismus?

KURT KÖPLER Fast.

NICOLE NAUMANN Ich geb's auf.

KURT KÖPLER Männliche Hysterie.

NICOLE NAUMANN *lacht* Du musst's ja wissen!

ANGELA ALS OPHELIA
»Oh welch ein edler Geist ist hier zerstört!
Des Hofmanns Auge, des Gelehrten Zunge,
Des Kriegers Arm, des Staates Blum und Hoffnung,
Der Sitte Spiegel und der Bildung Muster,
Das Merkziel der Betrachter: ganz, ganz hin!«

KURT KÖPLER Alles verhinderte Theaterdiven. Mit ihren kitschigen Paraden, ihren peinlich geschniegelten Uni-

formen, den blutroten Fahnen und Totenkopfsymbo-
len, ihren Anspielungen auf Rom und Ägypten, ihrer
Vergötterung des männlichen Körpers...

NICOLE NAUMANN Allerdings!

REBECCA FÜCHS ALS GRETCHEN
»Gib deine Hand! Es ist kein Traum!
Ach, aber sie ist feucht!
Wische sie ab! Wie mich deucht,
Ist Blut daran.«

KURT KÖPLER ALS FAUST
»Lass das Vergangene vergangen sein!
Du bringst mich um.«

REBECCA FÜCHS ALS GRETCHEN
»Nein, du musst übrig bleiben!
Ich will dir die Gräber beschreiben,
Für die musst du sorgen...«

NICOLE NAUMANN Ihre aufgeplusterte Rhetorik, dieses
atemlose Kreischen! Auf jeder Theaterschule würdest
du damit durchfallen.

KURT KÖPLER Nie haben sie eine normale Versammlung.
Alles ist gleich »historisch«. Ein einfacher Nachmit-
tagsempfang wird ein »historischer Staatsakt«. Die Feste, zu denen sie mich einladen? – Eine Mischung aus
Bierzelt und antikem Mausoleum!

NICOLE NAUMANN Selbst ihre Pudel werden mit Zapfen-
streich und zehn »historischen« Ansprachen begraben.

ANGELA ALS OPHELIA
»Und ich, der Fraun elendeste und ärmste,
Die seiner Schwüre Honig sog, erlebe,
Wie seine edle, hochgebietende Vernunft
Gleich der verstimmten Glocke schaurig tönt.«

KURT KÖPLER ALS FAUST »Fühlst du, dass ich es bin, so
komm!«

REBECCA FÜCHS ALS GRETCHEN »Wohin? Wo ist noch Zukunft für uns zwei? Nein, keinen Schritt!«

KURT KÖPLER ALS FAUST »Weg von hier! Mit mir! So komm nur mit!«

ANGELA ALS OPHELIA
»Dies hohe Bild, die Züge blühnder Jugend,
Durch Wahnsinn wüst zerrüttet; weh mir, wehe!«

KURT KÖPLER Sie haben einen Narren an uns gefressen, weil sie von uns lernen wollen, für diese Ära und diese Arena, in der die Inszenierung der Macht deren Missbrauch verhüllen soll. In der das Gebrüll über die Analyse siegt. Die Effekthascherei über die Authentizität.

NICOLE NAUMANN Dann haben sie noch viel zu lernen.

REBECCA FÜCHS ALS GRETCHEN
»Ist das Grab drauß
Lauert der Tod, so komm!
Von hier ins ewige Ruhebett
Und weiter keinen Schritt
Aus dieser Verbannung hinaus.«

MUTTI HILDA ALS HEKABE *liest aus einem alten Textbuch*
»O schwarze Nacht, o Tageslicht der Götter,
Warum werd ich im Schlafen und im Wachen
Gequält von Furcht einflößenden Visionen?
Mächtige Erde, Mutterschoß der Träume,
Beschwör die schwarzgefiederten Dämonen!«

ANGELA ALS OPHELIA »Weh mir!«

KURT KÖPLER Hinter all ihrer grotesken Selbstsicherheit verbirgt sich nur eins: Angst zu versagen. Das ständige Lampenfieber des Anfängers. Nur ein unsicherer Charakter schreit und stampft so laut mit den Füßen um Bestätigung.

NICOLE NAUMANN Ja! Wie diese Lina! Nettes Ding, aber was für eine tragische Figur. Sich mit so einem Fetten einzulassen.

KURT KÖPLER Selbst das ist Theatertradition: All die Regisseure, die ihre Geliebten die Hauptrollen spielen lassen?

NICOLE NAUMANN Na ja – spielen! *Macht Lina nach.* »Endlich sind Sie wieder da! Wo waren Sie so lang, Lopachin?«

KURT KÖPLER ALS LOPACHIN »Danke ergebenst, Ljubov Ranevskaja Andreevna, für den freundlichen Empfang.«

NICOLE NAUMANN ALS LJUBOV *immer mehr sie selbst, immer sinnlicher* »Spannen Sie mich nicht länger auf die Folter. Hat die Versteigerung des Kirschgartens stattgefunden? O Lopachin! Sagen Sie doch was!«

KURT KÖPLER ALS LOPACHIN »Die Versteigerung war gegen vier Uhr zu Ende… Wir kamen zu spät zum Zug und mussten warten bis halb zehn. Ohne Essen, ohne was zu trinken. Uff! Mir dreht sich ein bisschen der Kopf…« *Wankt auf sie zu, lässt sich auffangen.*

NICOLE NAUMANN ALS LJUBOV *Auge in Auge mit Kurt* »Hier, greif zu! Anchovis. Gesalzner Hering. Ich selbst hab heute noch nichts runter bekommen.«

KURT KÖPLER ALS LOPACHIN »Lecker! Anchovis. Gesalzner Hering. Ich danke Ihnen.«

ANGELA ALS OPHELIA »Weh mir, die ich sah, was ich sah.«

NICOLE NAUMANN ALS LJUBOV »Ich fleh Sie an, erzählen Sie doch. Mein Kirschgarten: ist er verkauft?«

KURT KÖPLER ALS LOPACHIN »Ihr Kirschgarten? – Verkauft!«

KURT KÖPLER ALS FAUST »Du kannst. So wolle nur! Die Tür steht offen.«

REBECCA FÜCHS ALS GRETCHEN »Ich darf nicht fort; für mich ist nichts zu hoffen.«

NICOLE NAUMANN ALS LJUBOV *immer näher* »Und wer hat ihn gekauft? O sagen Sie mir: wer?«

KURT KÖPLER ALS LOPACHIN *ebenso* »Ich habe ihn gekauft.«

NICOLE NAUMANN ALS LJUBOV »Sie haben meinen Kirschgarten gekauft?« *Küsst ihn fast.*

KURT KÖPLER ALS LOPACHIN *küsst sie fast* »Ja, Herr du mein Gott! Sagt mir, dass ich betrunken bin, nicht bei Verstand, dass ich mir alles nur einbilde. Ja! Ihr Kirschgarten gehört ganz und gar mir!«

NICOLE NAUMANN ALS LJUBOV »Dann wird es Zeit für mich, umzuziehen – oder nein!« *Küsst ihn und beginnt, ihn auszuziehen.* »Ich will noch ein Augenblickchen hier sitzen bleiben.«

ANGELA ALS OPHELIA »Und sehe, was ich sehe.«

KURT KÖPLER ALS LOPACHIN *beginnt, sie auszuziehen* »Das hätten mein Vater und Großvater noch erleben müssen: dass ich, ein geprügelter Analphabet, der im Winter barfuß lief, das Landgut gekauft hab, auf dem sie Sklaven waren, die man nicht mal in die Küche vorgelassen hat. Es gehört mir, Ljubov! Mir!« *Sieht sie an.* »Und es ist schöner als irgend etwas auf der Welt.«

REBECCA FÜCHS ALS GRETCHEN
»Es ist so elend, betteln zu müssen,
Und noch dazu mit bösem Gewissen?
Es ist so elend, in der Fremde schweifen,
Und sie werden mich doch ergreifen.«

NICOLE NAUMANN ALS LJUBOV »Als hätte ich früher nie gesehen, was für Wände dieses Haus hat, Lopachin, was für Plafonds…«

ANGELA ALS OPHELIA »Weh mir, wehe!
Die ich sah, was ich sah, und sehe, was ich sehe!«

KURT KÖPLER ALS LOPACHIN »Ich, Ermolaj Alekseevič Lopachin, werde in Ihrem Kirschgarten die Axt schwingen. Ich werde hacken, dass es eine Wonne ist. Ihre Kirschbäume werden zur Erde fallen…«

REBECCA FÜCHS ALS GRETCHEN »Lass mich hier. Lass mich fallen!«

NICOLE NAUMANN ALS LJUBOV »… und jetzt muss ich mir sie anschauen, meine Wände, meine Plafonds, mit solch einer Gier, mit so zärtlicher Liebe…«

ANGELA Ich lern es nie! Ich lern es nie!

KURT KÖPLER ALS LOPACHIN »… Ich werde Sommerhäuser bauen, wo Ihre Kirschbäume blühten…«

MUTTI HILDA ALS HEKABE

»Ich sah den Wolf mit blutverschmierten Zähnen
Den bunt gefleckten Hengst in Stücke reißen,
Den er geraubt aus meinem alten Schoß.
An seinem eignen Grab erschien der Held
Achilles, um als Sühnopfer das Blut
Zu heischen eines andern Kinds von Troja…«

REBECCA FÜCHS Kurt, was soll ich glauben? Stimmt es, was die Zeitungen schreiben?

MUTTI HILDA ALS HEKABE »Ich fleh euch an, Ihr Götter, schützt mein Kind.«

REBECCA FÜCHS Bist du wirklich der Liebling der Partei-spitze? Spielst du auf teuren Festen ihren Conféren-cier?

MUTTI HILDA ALS HEKABE »Lasst mir meinen Sohn!«

REBECCA FÜCHS Was kann ich noch glauben? Und wann höre ich selbst wieder etwas von dir? *Freeze.*

MUTTI HILDA ALS HEKABE »Beschützt ihn vor der schlim-men Drohung.«

NICOLE NAUMANN *fällt aus der Rolle* Was ist denn?

KURT KÖPLER *wie gelähmt, Hose in den Kniekehlen* Nichts.

MUTTI HILDA *schließt befriedigt das Textbuch* Die guten, al-ten Stücke… Ich werd Kurt sagen, die wieder öfter auf den Spielplan zu setzen.

KURT KÖPLER Nichts.

Stille, in der alle Frauen Kurt anblicken, jede mit ihren eigenen Gefühlen.

VICTOR MÜLLER *niedergeschlagen auf die Bühne; wieder betrunken* Wir schaffen's nicht, Kurt, wir kriegen's nicht hin, es funktioniert nicht!

KURT KÖPLER *bringt seine Kleidung in Ordnung* Wovon sprichst du?

VICTOR MÜLLER Das ist schon das dritte Gotteshaus, das ich diese Woche brennen sehe, die Täter werden nicht einmal verfolgt, immer mehr Freunde und Kollegen festgenommen oder spurlos verschwunden, Parteien verboten, Gewerkschaften auch, immer mehr Leute werden zu den Waffen gerufen oder zur Zwangsarbeit verpflichtet, der Krieg rückt immer näher, dann hält sie niemand mehr auf – und was machen wir? Wir spielen Theater.

KURT KÖPLER Eine gute Theateraufführung ist ein politischer Akt. Schönheit ist immer subversiv.

VICTOR MÜLLER *lacht* Du glaubst es, glaubst es wirklich, das ist deine Stärke, dafür lieb ich dich und vergebe dir alles.

KURT KÖPLER *wütend* Ich bin es, Victor, der hier alle aus der Schusslinie halten muss. Oder denkst du, die Gestapo hat noch nicht bei mir vorgesprochen und Erklärungen verlangt, wegen deiner Flugblätter voller Druckfehler, und deiner pathetischen Reden vor zwei kommunistischen Bühnenarbeitern und ihrer tauben Oma? Du bringst uns alle in Verruf und in Gefahr, und wozu?

VICTOR MÜLLER *ebenfalls wütend* Was unsere Arbeiter brauchen, ist kein Bürgerkitsch, sondern Orientierung. Revolutionäres Theater!

KURT KÖPLER Dann versuch, sie erst mal ins Theater zu locken, weg von ihren Paraden und Sportveranstaltungen, auf die sie so wild sind. Und wenn sie kommen, Victor, hau ihnen nicht noch mehr Ansprachen um die Ohren, sondern gib ihnen das teuerste Gut, das im Moment zu haben ist: Wahrheit. Notfalls über den Umweg der Klassiker – ja! Welcher andere Weg bleibt uns denn? Oder willst du selbst diese bescheidene Fluchtroute in die Luft jagen?

Auftritt der Dicke in Uniform.

VICTOR MÜLLER *bricht zusammen, weint* Und wann bist du endlich bereit, was in die Luft zu jagen, Kurt? Wie weit willst du dich noch verbiegen, bis du genauso wirst wie sie?

MUTTI HILDA *liest* »Marthes Garten. Margarethe und Faust.«

ANGELA ALS GRETCHEN *zu Victor* »Versprich mir, Heinrich…«

Pause.

MUTTI HILDA Vic?

VICTOR MÜLLER Hm?

MUTTI HILDA Replik von Faust – »Versprich mir, Heinrich…«

VICTOR MÜLLER ALS FAUST *seufzt, schnäuzt sich die Nase* »Was ich kann!«

ANGELA ALS GRETCHEN
»Nun sag, wie hast du's mit der Religion?
Du bist ein herzlich guter Mann,
Allein ich glaub, du hältst nicht viel davon.«

VICTOR MÜLLER ALS FAUST *fast wieder unter Tränen*
»Lass das, mein Kind! Du fühlst, ich bin dir gut;
Für meine Lieben ließ ich Leib und Blut,
Will niemand sein Gefühl und seine Kirche rauben.«
ANGELA ALS GRETCHEN »Doch das ist nicht genug, man
muss dran glauben!«
VICTOR MÜLLER ALS FAUST *bestürzt* »Man muss? Ich muss?«
ANGELA ALS GRETCHEN »Du musst, jawohl. Du musst dran
glauben!«
VICTOR MÜLLER Tut mir Leid, Kurt, es geht nicht. Ich kann
das nicht. *Sinkt zusammen.*
KURT KÖPLER *peinliche Stille* Victor fühlt sich nicht gut.
Pause. Niklas übernimmt kurz für ihn. *Zu Niklas.* Lies
aus dem Textbuch. *Gibt ihm Muttis Exemplar, unter de-*
ren Protest. Hier. *Zeigt ihm die Stelle.*
ANGELA ALS GRETCHEN *zu Niklas*
»Es tut mir lang schon weh,
Dass ich dich in dieser Gesellschaft seh.
Der Mensch, den du da bei dir hast,
Ist mir in tiefer innrer Seele verhasst;
Es hat mir in meinem Leben
So nichts einen Stich ins Herz gegeben.«
NIKLAS WEBER Und wen meint Gretchen da?
KURT KÖPLER Ja?! Wen könnte Gretchen da wohl meinen?
NIKLAS WEBER Es ist das erste Mal, dass ich das lese.
DER DICKE Das ist Goethes Faust, Mann! Du stammst doch
nicht von den Hottentotten? Geh zur nächsten Szene,
da siehst du's: »Gretchen ab«! Und… »Mephistopheles
tritt auf«!
KURT KÖPLER ALS MEPHISTO
»Nun, Doktor Faust, lasst Ihr Euch alles sagen?
Der Grasaff, ist er weg? Sie wurden da ja schön
                                                    katechisiert.

Die Mädels sind doch sehr interessiert,
Ob einer fromm und schlicht nach altem Brauch.
Sie denken, duckt er da, folgt er uns eben auch.«

NIKLAS WEBER ALS FAUST *affektiert*
»Mephisto, Ungeheuer, siehst nicht ein,
Wie diese treue liebe Seele,
Von ihrem Glauben voll,
Der ganz allein
Ihr seligmachend ist, sich heilig quäle,
Dass sie den liebsten Mann verloren halten soll.«

DER DICKE Aber doch nicht so, Mann! *Klatscht in die Hände.* Ta-tàm, ta-tàm, wo ist dein Metrum? Noch mal.

NIKLAS WEBER ALS FAUST »Mephisto, Ungeheuer, siehst nicht ein...«

DER DICKE »Me-phis-to, Un-ge-heu-er, siehst nicht ein...« Noch mal.

NIKLAS WEBER ALS FAUST »Mephisto, Ungeheuer, siehst nicht...«

DER DICKE Mehr Feuer, Kollege. Fanatismus ist eine Tugend. Beim Heer, im Leben und auf der Bühne erst recht. Noch mal!

NIKLAS WEBER ALS FAUST »Mephisto, Ungeheuer...«

DER DICKE Mach den Mund auf, Junge. Noch mal.

NIKLAS WEBER ALS FAUST »Mephisto, Un...«

DER DICKE Noch mal.

NIKLAS WEBER ALS FAUST »Mephis...«

DER DICKE Noch mal.

NIKLAS WEBER *wirft Textbuch hin* Ich geb's auf.

KURT KÖPLER Niklas, bitte!

NIKLAS WEBER Ja, kriech du ihm wieder hinten rein, Waschlappen, der du bist. Sieh selbst zu, wie du fertig wirst!

Pause.

DER DICKE *zuckersüß* Monat für Monat zehrt ihr vom Schweiß des Volkes, seinen übermenschlichen Anstrengungen, seinem heroischen Kampf um die Wiedergewinnung der Ehre. In unseren Stahlfabriken und Schiffswerften, unseren unvergleichlichen öffentlichen Bauten arbeiten Volksgenossen sich die Hände wund. Familien schwitzen Blut, Mütter sparen sich das Essen vom Munde ab, um euch Gelegenheit zu geben, auf diesen heiligen Brettern zu glänzen. Und was tut ihr? »Ich kann nicht.« »Ich will nicht.« Ein Korb kann nicht allzu viele faule Äpfel vertragen. Ihr seid beide entlassen.

KURT KÖPLER Herr General, ich bin hier der Generalintendant.

DER DICKE Und ich zahl die Rechnungen. Es ist vorbei mit den Privilegien für diese beiden.

NIKLAS WEBER *lacht* Privilegien?

VICTOR MÜLLER Lass nur, Niklas, es hat doch keinen Sinn.

NIKLAS WEBER Die nationalsozialistische Bewegung, deren Mitglied ich war, Herr Fliegergeneral, kämpfte gegen die Privilegien des minderwertigen Blutes und der kapitalistischen Blutsauger. Die volksfremden Ratten sind verschwunden oder verjagt, die ausländischen Fabriken sind nationalisiert – und was hat sich gebessert?

MUTTI HILDA Halt doch den Mund, Jungchen.

NIKLAS WEBER Das große Geld hatte noch nie so viel zu sagen, die neuen Herren verbieten allen den Mund, und der kleine Mann muss mehr denn je zusehen, wie er sich ernährt, von der heißen Luft einer Bande Drogenabhängiger und Neurotiker.

DER DICKE Meldet euch morgen um neun bei der Kommandantur. Und jetzt: wegtreten. Alle beide. *Außer sich.*

Aus meinen Augen! Raus aus meinem Theater! Raus!
Raus!

LINA LINDENHOFF Beruhig dich doch, Schweinchen. Ganz ruhig!

Niklas und Victor ab; lange Pause.

KURT KÖPLER Herr General?
NICOLE NAUMANN Nicht!
MUTTI HILDA Kurtchen, bitte!
DER DICKE *wieder die Ruhe selbst* Herr Generalintendant?
Sie wollten etwas fragen?

Pause.

KURT KÖPLER Geben Sie mir die Möglichkeit, es noch einmal mit ihnen zu versuchen.
DER DICKE Eine Möglichkeit? Ich lass Ihnen die Wahl, Köpler. Entweder, Sie stehen morgen auch vor der Kommandantur und werden mit zur Rechenschaft gezogen.
Oder Sie akzeptieren die Sanktion und spielen weiter Theater. Ich seh Ihre Antwort morgen. Entweder Sie sind da oder nicht. Morgen früh um neun.

Mit Lina ab; lange Pause.

ANGELA Und jetzt? *Pause.* Was machen wir jetzt? *Pause.*
Wir wissen doch, was mit Niklas und Herrn Müller passiert? Das ist keine Entlassung. Das ist eine Hinrichtung. Vor unseren Augen. Und wir tun nichts? Wir lassen das zu? Das ist Kollaboration. Ich gehe.
NICOLE NAUMANN Na, viel Erfolg.
KURT KÖPLER Angela, verlass du mich nicht auch noch.

NICOLE NAUMANN Warum hältst du sie auf? Sie beschimpft uns. Wann weißt du endlich, was du willst?

KURT KÖPLER Tu mir den Gefallen: Geh nicht!

ANGELA Niklas hat Recht. Du tust alles für deine Karriere. Ich lass mich nicht länger missbrauchen.

KURT KÖPLER *wütend* Also verdammt noch mal! Was wollt ihr denn? Nach allem, was ich für euch getan und geopfert habe! Seht ihr denn nicht, dass ich nur das Beste will, für jeden von euch? Ich riskier meine Haut! Ich verhandle mit den Henkern! Was hätt ich denn sonst tun sollen? Ich bin doch nur...

MUTTI HILDA *wütend* ...ein Schauspieler. Genau. Nur ein Schauspieler. Stimmt doch? Was wollt ihr denn alle von ihm? Was erwartet ihr? Das könnt ihr von dem Jungen doch nicht verlangen?! Herrgott noch mal! Von einem Schauspieler! Er ist doch nur Schauspieler.

Fade-out.

Pause.

II

»Bitter ist die Verbannung.
Bitterer noch die Heimkehr.«

Klaus Mann, *Der Wendepunkt*

II.1 Die Barbaren kommen

Kurt spielt den Anfangsmonolog aus Shakespeares »Richard III«, hinkend und mit einem Buckel, unterstützt von Mutti Hilda, ärmlicher gekleidet als zuvor. Im Hintergrund sitzt Nicole in teurer Robe, missmutig in einem Magazin blätternd und rauchend. Entfernter Kriegslärm, der genauso gut ein entferntes Gewitter sein könnte. Bis zum Ende von II.3 wird er immer lauter.

KURT KÖPLER ALS RICHARD III
»Nun ward der Winter unsers Missvergnügens
Glorreicher Sommer durch den Sonnensohn,
Der Fürsten jüngster aller uns: das Volk
Dies unsers Goldnen Gaus: des Vaterlands.«
MUTTI HILDA »Doch ich, nicht für der Liebe Spiel gescha…«
KURT KÖPLER ALS RICHARD III
»Der Krieg! Einst grimmig dräund!«
MUTTI HILDA Verzeihung, Jungchen. Mein Fehler. *Hustet.*
KURT KÖPLER ALS RICHARD III »Der Krieg!
Einst grimmig dräund, streicht sich die Runzeln glatt,
Und statt zu reiten das geharnschte Ross,
Um drohend Gegner Seelen zu erschrecken,
Hüpft er behänd in Damen Zimmer,
Nach üppigem Gefallen einer Laute.«
Blick zu Mutti.
»Doch ich, nicht für der Liebe Spiel geschaffen…«
MUTTI HILDA Ich weiß, Junge, Verzeihung.
KURT KÖPLER ALS RICHARD III
»Ich, roh geprägt, entblößt von Liebesmajestät,
Vor leicht sich drehnden Nymphen mich zu brüsten;
Ich, um dies schöne Ebenmaß verkürzt,
von einer rabengleichen Mutter Erde falsch betrogen,

Entstellt, verwahrlost, vor der Zeit gesandt,
In diese Welt des Atmens, halb kaum fertig
Gemacht, und zwar so lahm und ungeziemend,
Dass Hunde bellen, hink ich wo vorbei;
Ich nun, in dieser schlaffen Friedenszeit,
Weiß keine Lust, die Zeit mir zu vertreiben,
Als meinen Schatten in der Sonne spähn,
Und meine Missgestalt mir selig zu besingen.«

Mutti Hilda bricht in unterdrücktes Husten aus.

KURT KÖPLER ALS RICHARD III *verärgert*
»Ach so? Ich taug nicht als Geliebter, um
In diesen ach so zart beseelten Tagen zu behagen?
So will ich mich erweisen als der Schuft,
Und Feind den eitlen Freuden dieser Zeit.
Hab Fallen ausgelegt, ein Netz gewoben,
Um meine beiden Brüder tief in Hass
Und immerwährnde Todfeindschaft zu hetzen.
Und wenn der eine treu ist und gerecht,
Wie ich verschmitzt, falsch und verräterisch,
So muss der andre…«

Auftritt Victor Müller, bleich, doch gut gekleidet.

KURT KÖPLER Victor? Endlich!
MUTTI HILDA Vic? Oh, was bin ich froh! Wir haben dich so
    vermisst!
NICOLE NAUMANN So viele verlorene Jahre! Du siehst nicht
    schlecht aus, insgesamt.
VICTOR MÜLLER Es hätte nicht viel gefehlt, und sie hätten
    mich in einer Limousine hierher gebracht. Frisch gewa-
    schen und rasiert, wie aus dem Ei gepellt. Am Eingang

164

stand sogar ein Fotograf, kannst du dir das vorstellen? Sie wollen mich beim Widerstand kompromittieren, es so aussehen lassen, als hätte ich gesungen und würde jetzt dafür belohnt. Morgen stehe ich als bekehrter, guter Volksgenosse in jeder Zeitung. Womit hab ich das verdient, Kurt?

NICOLE NAUMANN Ist dir klar, welche Risiken Kurt auf sich genommen hat, nur um dich frei zu bekommen?

VICTOR MÜLLER *zu Kurt* Ich nehme an, es hat dir auf allen Gebieten genutzt, dir und deinem Ruf, dich mit unsrer blonden Perle der Propaganda einzulassen? *Zu Nicole.* Der verlorenen Tochter, die – im Gegenzug für Ruhm und Hauptrollen – zu ihrem Volk zurückkehrte? Sie haben mir unter die Nase gerieben, was du in Interviews über Rebecca und Angela zu sagen wagst. Es ist eine Schande.

NICOLE NAUMANN Die Wahrheit sagen ist keine Schande.

MUTTI HILDA Kinder, der Mann ist noch nicht richtig wieder hier, und ihr…

VICTOR MÜLLER Die Wahrheit ist, dass du und Kurt einander herzlich verdient habt, Nicole. Zu allem im Stande!

MUTTI HILDA *unter Tränen* Vic, jetzt fang du nicht auch noch an!

VICTOR MÜLLER Welche Kröte hast du im Tausch für mich diesmal schlucken müssen?

KURT KÖPLER Wie kannst du das sagen, Victor?

NICOLE NAUMANN Lass ihn doch. Quantité négligeable.

KURT KÖPLER Sie wollten mich absetzen. Aber ich hab nicht locker gelassen. Und nicht nur bei dir. Ich hab Zwangsverpflichtete engagiert, die unter der Schinderei in den Stahlfabriken zusammengeklappt wären. Ich hab junge Burschen vor der Ostfront gerettet. Wir müssen weiter spielen, und wenn's nur für sie wäre. Und dazu brauch ich dich. Der Druck ist enorm, überall fehlen Fachleute, die Überwachung wird immer schlimmer. Aber unser Theater, Vic! Unser Theater ist voll, Abend für Abend. Der einzige Ort, wo die Menschen ein bisschen vergessen können, und, wie versteckt auch immer, noch eine Spur Kritik zu hören bekommen.

VICTOR MÜLLER Kirchen, Bordelle, Kneipen – warum dann nicht im Theater? Mach den Leuten Angst, und sie kriechen zusammen wie Ratten, bis sie aneinander kleben und sich gegenseitig vor Raserei an die Kehle springen.

KURT KÖPLER Ich tu, was du mir beigebracht hast, Victor. Ich weiß noch wie gestern, meine ersten Proben unter deiner Regie: »Weiterspielen, immer weiterspielen, was auch passiert! Respekt vor dem Publikum!«

VICTOR MÜLLER Respekt? Hätten sie nicht für die Schweine gestimmt!

NICOLE NAUMANN Wer so was sagt, verhält sich genauso wie sie.

KURT KÖPLER Hass und Rache sind keine Antwort auf die Malaise.

VICTOR MÜLLER Wir hätten auf Rebecca hören sollen.

KURT KÖPLER Sollen wir das jetzt ewig bedauern, oder wollen wir uns darauf konzentrieren, was wir noch tun können? Ich hab dich endlich frei bekommen, zusammen können wir was erreichen. *Pause.* Ich hab nur versprechen müssen, dass du dich in Zukunft nicht mehr auf politische Agitation einlässt.

VICTOR MÜLLER Du hast ihnen versprochen, ich würde das einzige lassen, was noch einen Sinn hat?

KURT KÖPLER Es ist Wahnsinn, so weiterzumachen. Es wirkt sogar kontraproduktiv. Bei solcher Kritik fangen die Leute nur an, ihr bedrohtes System zu unterstützen. In Zeiten der Not wird jeder Patriot.

VICTOR MÜLLER Du willst dein Gewissen beruhigen, Punkt aus. Ich bin der Ablass für deinen bleibenden Glauben an dich selbst, als Held und künstlerisches Genie.

KURT KÖPLER Und du spielst hier den Helden. Ich kämpfe nur für eins, über alle Meinungsunterschiede hinweg: Menschen retten, so viele ich kann. Für Niklas setz ich mich schon genauso lang ein wie für dich.

VICTOR MÜLLER *lacht* Niklas?

KURT KÖPLER Den krieg ich auch noch frei. Wart's nur ab.

VICTOR MÜLLER Niklas ist schon am ersten Tag unsres Aufrufs erschossen worden. Ohne Prozess. Nicht mal die Augen haben sie ihm verbunden. Das Gesicht zu seinen verflossenen Parteigenossen. Vier Kugeln in die Brust, fünf in den Kopf. Der Verrat eines ehemaligen Freundes wiegt schwerer als der eines erklärten Feindes. Das ist überall so, mein Junge.

KURT KÖPLER Ich bin kein ehemaliger Freund von dir. Ich bin dein Freund.

VICTOR MÜLLER Ach… *Steckt sich eine Zigarette an, blickt prüfend durchs Theater.* Es riecht hier ganz anders als vor meiner Festnahme. Es ist die Zeit, die Zeit selbst verrottet. Alles donnert voran, bald werden wir unter Bergen von Scheiße begraben, und unter Millionen Leichen. Es wird unsere eigene Schuld sein. Und das will ich den Leuten wenigstens weiter sagen. Egal, um welchen Preis. Was auch immer du davon hältst oder nicht. *Ab.*

MUTTI HILDA *Pause* Da sieht man's – da hilft man den Leuten…

NICOLE NAUMANN Und das ist dann der Dank.

KURT KÖPLER Er steht unter Schock. Das muss man verstehen.

NICOLE NAUMANN Willst du ihn auch noch verteidigen?

KURT KÖPLER Das ist was zwischen Vic und mir.

NICOLE NAUMANN Von dir würde ich mir das jedenfalls nicht gefallen lassen.

KURT KÖPLER Leute wie du können das nicht verstehen, die Bindung zwischen Menschen, die zusammen für etwas gekämpft haben, haben kämpfen müssen, die vielleicht kein Blatt vor den Mund nehmen, aber füreinander durchs Feuer gehen. Leute aus reichen Familien kennen das nicht.

NICOLE NAUMANN Dafür kennen wir wieder andere Sachen. Dankbarkeit zum Beispiel. Höflichkeit. Essen mit Messer und Gabel. Die Freundin nicht von einem so genannten Freund beleidigen lassen.

KURT KÖPLER Tut mir Leid, Liebling, wenn meine Essgewohnheiten dich auch schon stören.

NICOLE NAUMANN Typisch. Dass du dir das wieder rauspickst.

MUTTI HILDA *mit unterdrücktem Husten* Kinder, bitte, nicht schon wieder streiten.

KURT KÖPLER Essgewohnheiten sagen alles. Wir köpfen ein gekochtes Ei, streuen Salz drauf und löffeln es aus. Du isst dein Ei aus einem Kristallglas, vermischt mit Worcester-Sauce und Gewürzen, für die man heutzutage ein oder zwei Stunden anstehen muss, mit Marken, für die ein normaler Mensch Brot kauft, oder Kaffeeersatz für die ganze Woche.

NICOLE NAUMANN Es ist und bleibt dasselbe Ei.

KURT KÖPLER Es geht um das Tamtam, das man darum veranstaltet. Und um den Preis, den man dafür bezahlt.

Auftritt der Dicke, angesäuselt und in vollem Ornat, mit protzig gekleideter Lina und Propagandaminister in Uniform.

168

DER DICKE Der Herr Propagandaminister bestand darauf, höchstpersönlich mitzukommen. Er hat ein paar Ratschläge für dich für nächste Saison. Er meint, ich bin zu mild.

KURT KÖPLER Niklas Weber ist tot.

DER HINKENDE Wie bitte?

KURT KÖPLER Ihr ehemaliger Parteigenosse – mein früherer Kollege! Ich habe Sie endlos gefragt, wo er steckt.

DER HINKENDE Und ich habe Ihnen endlos geantwortet, dass ich über keine Details verfüge.

KURT KÖPLER Er wurde erschossen, am Tag seiner Festnahme.

DER HINKENDE Herr Köpler, ich bin nicht hier, mit Ihnen den verdienten Lohn für Hochverrat zu diskutieren. Ich bin hier, um mit Ihnen über die nächste Saison zu sprechen. *Holt ein Dokument hervor.*

KURT KÖPLER Die Saison läuft bereits. Wir probieren Richard III.

DER HINKENDE *ignoriert ihn, liest* Im Vergleich zu den vergangenen Jahren sind – zugegebenermaßen – gewisse Verbesserungen festzustellen.

KURT KÖPLER Wenn man keinen Čechov oder Molière spielen darf, keine anderen Franzosen oder Russen, keine Juden, modernen Engländer und auch keine Amerikaner, dann bleibt nicht viel Auswahl.

DER HINKENDE Auswahl genug. *Liest.* Kleist, Goethe, Alfred Hegenscheidt... Aber immer wieder dieser Henrik Ibsen. *Schaut auf.* Was auffällt, Herr Köpler, ist Ihr Hang zum Morbiden. Der Nachtseite des Lebens. Das ist nicht das, wonach unser Volk jetzt verlangt.

KURT KÖPLER Wir haben auch ein Liederprogramm zusammengestellt.

DER HINKENDE Ja! Von Heinrich Heine.

MUTTI HILDA *beschwipst* Doch schade, dass der Jude war.

DER DICKE Es sind oft die falschen, die sich als Juden rausstellen. *Er, Mutti, Lina und Nicole trinken Schnaps.*

LINA LINDENHOFF *ebenfalls beschwipst* Mir würde es nichts ausmachen, wenn Franz Lehár Jude wäre und verboten würde. Ich find Operetten so banal.

NICOLE NAUMANN *auch beschwipst* Ganz recht, du! So platt und trivial!

DER DICKE *lacht* Aber Schweinchen – »Die lustige Witwe« ist die Lieblingsoperette des Führers!

LINA LINDENHOFF Ach ja?

MUTTI HILDA Also, jetzt aber! Das ist auch meine Lieblingsoperette!

DER HINKENDE Entschuldigung? Herr Köpler und ich sprachen gerade von Heinrich Heine.

KURT KÖPLER Auf Ihre Anordnung erscheint sein Werk stets mit dem Vermerk »Autor unbekannt«.

DER HINKENDE Die Leute wissen, um wen es geht.

KURT KÖPLER Die Leute lieben seine Lieder.

DER HINKENDE Kein Wunder. Sie setzen sie auf den Spielplan. Jedes Jahr wieder.

KURT KÖPLER Unser Theater steht im Dienste des Volkes und seiner Wünsche. Wie Sie uns immer sagen.

DER HINKENDE Irre ich mich, Herr Köpler, oder nehmen Sie es mit unseren Gesetzen zu Kultur und Rassenhygiene nicht allzu genau? Sie sind Generalintendant unseres Staatstheaters, leben fürstlich auf Kosten unseres schwer geprüften Volkes. Nicht einfach, für jemanden mit Ihrer Vergangenheit und Ihrer Mentalität. Sie sind arrogant, bis zum Volksfremden. Narzisstisch bis zum Asozialen. Wenn's nach mir ginge, wären Sie nicht mal Intendant.

170

DER DICKE *lacht* Das ist der Nachteil an Hierarchie. Manchmal steht einer über einem, der anders denkt als man selbst.

DER HINKENDE *ignoriert den Dicken* Ihre Ernennung ist eine Sache. Ihr Programm eine andere. Und über das entscheidet von heute an der Führer. In Absprache mit mir. Zunächst einmal: kein Shakespeare. Unser Volk hat die Nase voll von dem altmodischen Zeug.

KURT KÖPLER Reden wir vom selben Volk? Unser Theater ist auf Wochen im Voraus ausverkauft.

DER HINKENDE Snobs gibt es überall. Das wahre Volk will von Shakespeare nichts wissen.

KURT KÖPLER Das wahre Volk liebt Monster.
Imitiert den Gang des Propagandaministers, zum Vergnügen des Dicken und der anderen.
»Doch ich? Nicht für der Liebe Spiel geschaffen,
Ich, um dies schöne Ebenmaß verkürzt,
Und zwar so lahm und ungeziemend,
Dass Hunde bellen, hink ich wo vorbei!«

DER HINKENDE *Pause* Wer »Richard III« spielt, stellt – mit platter Hanswurstgebärde – nur eine Kluft dar. Einerseits: den seinem Schicksal schutzlos ausgelieferten Bürger. Andererseits: ein entartetes, blutrünstiges Regime. Nennen Sie das Kunst? Verzweiflung als Analyse. Entartung als Botschaft. Zynismus als Amüsement?

KURT KÖPLER Shakespeare, Herr Minister, ist zeitlos.

DER HINKENDE Shakespeare ist von gestern. Der Rest Ihres demoralisierenden Programms genauso. Unsere bolschewistischen und plutokratischen Feinde nähern sich den Grenzen. Wenn unser Volk Theater braucht, dann muss es ihm Halt geben und die Gemeinschaft befördern. Wir verlangen nach heiteren Meisterwerken, die unsere Märtyrer ehren, uns an unsere große Ver-

171

gangenheit erinnern und unsere glorreiche Zukunft besingen. *Gibt Kurt eine andere Liste.*

KURT KÖPLER *liest* »Till Eulenspiegel«. »Der Nibelungen Not«. – Hans Sachs?

DER HINKENDE Sie nennen absichtlich nur die ältesten. Sie hätten genauso gut Hans Naumann nennen können.

MUTTI HILDA Wen?

DER HINKENDE Schiller. Hebbel. Goethe. Kleist.

KURT KÖPLER Pinocchio? *Zeigt auf die Liste.*

DER DICKE *lacht laut los* Pinocchio!

DER HINKENDE Eine Matinee für die ganze Familie. Ist das unter Ihrer Würde, Herr Köpler? Eine Vorstellung, die unterhält und erbaut? Die Eltern sind unsere wahren Helden. Bedenken Sie die internationale Geburtenentwicklung. Die Völker minderwertigen Bluts vermehren sich wie die Kakerlaken. Die gefährlichste Waffe des Untermenschen ist die Gebärmutter seiner Metze. Sie überholen uns durch die Frequenz ihrer Zucht. Es ist unsere Pflicht, unseren gesunden Familien gegen diese Tendenz alle nur mögliche Unterstützung zukommen zu lassen. Die wahre Sicherung der Zukunft.

KURT KÖPLER *steckt die Liste ein* Ich werde Ihre Vorschläge mit Ihrem Kollegen, dem Herrn Kulturminister, besprechen. *Pause.*

DER HINKENDE Daran zweifle ich keinen Moment. Heil dem Führer! *Ab.*

DER DICKE *Pause* Weißt du, was so schlimm ist, Köpler? Letztlich geht es in einem Tausendjährigen Reich genauso zu wie in der Demokratie. Irgendwann kann selbst ich dem Kompromiss nicht entgehen. Und – na ja? Unser Propagandaminister? Der hat seine völkische Pflicht fa-na-tisch erfüllt. Sechs Kinder. Sechs! Und was kommt dann? Wenn man seine Pflicht erfüllt hat? Man sucht Zerstreuung. Außereheliche Erholung. In den Armen einer Schauspielerin.

LINA LINDENHOFF *herablassend* Einer Tschechin.

NICOLE NAUMANN *prustet los* Nein!

MUTTI HILDA *schockiert* Einer Tschechin?

DER DICKE Einer Tschechin. Und was tut die sechsfache Modellmutter unsrer Nation? Die berühmteste Brutmaschine des Reiches? Beklagt sich beim Vater der Nation.

LINA LINDENHOFF Beschwert sich die blöde Gans beim Führer.

NICOLE NAUMANN Wirklich? Nicht möglich!

MUTTI HILDA Also, jetzt aber!

DER DICKE Was habt ihr erwartet? Ein Propagandaminister, der mit ner Schauspielerin neben den Nachttopf pisst?

LINA LINDENHOFF Einer Tschechin!

DER DICKE Das ließ sich nicht gut verkaufen. Nicht mal in der Tschechei. Und dabei hat unser Minister schon ein gewaltiges Imageproblem. Ein Propagandachef, der die perfekte Rasse mit blonden, blauäugigen Riesen besingen soll, während er selbst hinkt, das Äußere eines Zigeuners und die Statur eines Zwerges besitzt? Darum die sechs Kinder. Irgendworin muss man sich ja beweisen. Na ja, der Führer hat ihm mal ordentlich die Leviten gelesen. Unser Minister hat seiner Schauspielerin einen Tritt gegeben und ist zurück zu seinen sechs Sprösslingen und ihrer Frau Mutter gekrochen. Seither hasst er alles, was mit Theater zu tun hat.

LINA LINDENHOFF Aber auch alles.

DER DICKE Erst wollte er sie alle schließen. Das hier zuerst.

MUTTI HILDA Also, jetzt aber!

KURT KÖPLER Die Theater schließen? Einfach so?

DER DICKE Und da linst der Kompromiss um die Ecke. Ich hab ihn davon überzeugt, das nicht zu tun. Zumindest vorläufig. Was hältst du davon, Kollege? Ich hab dich gerettet. *Steht auf, wankt.*

KURT KÖPLER Und wann werden sie dann geschlossen?

DER DICKE Hast du je gedient, Köpler? Nein? Wundert mich nicht. Keine Disziplin. Und damit: keine Persönlichkeit. Wofür lebst du? Na los! Wofür lebst du? *Irrt betrunken und wie auf Drogen umher.* Es gibt Leute, die lieben Diamanten. Oder moderne Malerei. Ich selbst bewundere, bis auf meine Browning-Pistole, nur Johann Wolfgang von Goethe. Und: die Schönheit der Disziplin! Eine ganze Straße voller Männer, die alle auf gleiche Weise in gleicher Uniform vorwärts marschieren. Ein Körper. Eine Bewegung. Man kann auch etwas Hässliches darin sehen. Verblödung, Versklavung. Vernichtung des Individuums... Aber wahre Disziplin bedeutet gerade das Gegenteil. Den Triumph des Individuums. Jeder dieser Jungen weiß, dass er durch einen einzigen Fehltritt den schönen Gleichlauf zerstören und den ganze Drill verhohnepiepeln kann. Aber er tut's nicht! Er tut's nicht! Er marschiert weiter. Eins mit dem Körper der Truppe. Verstehst du? Es ist dieselbe Verschwörung, die auch ein Theaterpublikum zusammenschweißt. Jeden Moment kann der erstbeste Zuschauer aufstehen und »buh!« rufen. Alle Magie, aller Zauber zum Teufel! Aber es geschieht nicht! Phänomenal! Kein Zwang, keine Versklavung, sondern eine mystische Schicksalsgemeinschaft. Fremde, die handeln, als ob sie einander schon jahrelang kennen. Die notfalls ihr Leben in die Hände des anderen legen. Wie, glaubst du, funktioniert eine Armee? So! Und nicht anders! Als Flieger fehlt einem das am meisten. Du

hängst da nur so herum. Allein. In der Luft. *Ist herumir-*
rend wieder bei Kurt angekommen. Erfüll meinen letz-
ten Traum, Köpler. Ich will noch mal erleben, wie du
den Mephisto spielst. Ich in der Führerloge. Du hier.
Zu Kurt wie zu einem Mitspieler.
»Soll ich dir, Flammenbildung, weichen?
Ich bin es: Faust! Sich unsre Seelen gleichen!
Der du die weite Welt umschweifst von Quell bis Wüstenei,
Der du das Leben greifst, von Lust bis Raserei...
Geschäftiger Geist: wie nah fühl ich mich dir!« *Ab.*

LINA LINDENHOFF *peinlich berührt* Sei ihm nicht böse. Du
musst seine Situation verstehen.

NICOLE NAUMANN Wir verstehen das, Lina.

MUTTI HILDA Sie haben den Mann aus der Luft geschossen.
Und dann seine Verletzung und alles?

LINA LINDENHOFF Verletzung? Ich meine die Kriegslage.
Wir wussten, dass das Glück uns nicht von selbst in
den Schoß fallen würde. Der Widerstand beweist,
welch schweren, doch strahlenden Weg wir bewan-
deln. *In heiligem Feuer.* Wir müssen glauben. Glaube ist
Lebenskraft! Ich weiß noch genau den Tag, als die neue
Regierung vereidigt wurde. Ich hab am Radio gesessen
und geweint. Es war ein Gefühl… als wären wir alle
endlich nach Hause gekommen. Je größer der Druck
von außen, desto stärker wird dieses Gefühl. *Zu Kurt.*
Spiel deinen Mephisto, Kurt. Nicht für ihn, sondern für
dich. Es wird dich endgültig spüren lassen, dass auch
du nach Hause kommen kannst, in die Arme unseres
Volks, unser gelobtes Land. Tu es, Kurt! Tu es für dich!
Tu es! Tu es! *Berauscht ab.*

MUTTI HILDA Ach, mein Junge. Schon als du so klein warst,
war es sonnenklar, dass du mal was Besonderes würdest. So eifrig und aufmerksam. Das Talent leuchtete

aus deinem Gesicht wie bei einem Engelchen. Ich hab immer gewusst, dass du irgendwann mal groß rauskommst. Weg aus unserem traurigen Arbeiterviertel. Du würdest in die Kreise der Leute aufsteigen, die wir so bewunderten, wenn wir sie auf der Straße vorbeigehen sahen, oder sonntags im Zoo. All diese schicken, kultivierten, empfindsamen Leute. Und jetzt stehen wir zusammen ganz oben! *Gerührt.* Manchmal kann ich's immer noch nicht fassen. Du, der wichtigste Mann, um den alles sich dreht! Sie können sagen, was sie wollen, das haben wir trotzdem schön hingekriegt, nicht? Und der Mephisto, das ist und bleibt doch die Rolle deines Lebens. Das Stück, das versteh ich genauso wenig wie Politik. Aber du? Du bringst es zum Glänzen. Unter deinen Händen wird es etwas Großartiges, die Leute kriegen nie genug davon. – Aber, na ja. Sieh selbst, ob du's machen willst. Kümmer dich nicht um mich. Mach, was du willst. Wie's dir am besten passt. Du musst entscheiden. Nur zu. *Ab.*

NICOLE NAUMANN Ich war zwanzig, als ich dich zum ersten Mal spielen sah... Bis dahin hatte ich keine Ahnung, was ich im Leben vorhatte. Je mehr ich studierte und reiste, desto leerer fühlte ich mich. Mein Leben war ein Krater, nichts als Leere. Nicht zu füllen, von keinem Meer, keinem Ozean... Doch dann sah ich dich. Ich weiß nicht mal mehr, in welcher Rolle. Ich saß da wie gelähmt, fast starr vor Schreck. »Neben ihm will ich auch einmal stehen.« Das war alles, was ich noch denken konnte. Der Vorhang fiel, der Saal applaudierte. Ich fühlte mich ertappt. Albern wie ein Backfisch. Aber ich habe mit meiner Albernheit leben gelernt. Jedes Wort lernte ich auswendig, jede Frauenrolle in jedem deiner Stücke. Ich hätte sie alle soufflieren können. Erst als Zuschauerin, dann als Kollegin, und später…

KURT KÖPLER *unterbricht sie* Nicole?

NICOLE NAUMANN Ja, Kurt?

KURT KÖPLER Soll ich die Rolle jetzt spielen oder nicht? *Pause.*

NICOLE NAUMANN *mit traurigem Lächeln* Natürlich musst du die Rolle spielen. Theater spielen ist das einzige, wofür du lebst. Wenn jemand das bezeugen kann, dann ich. *Ab.*

II.2 »Two minutes to curtain, Sir«

Kurt schminkt sich für seine Rolle als Mephisto, während der Kriegslärm immer lauter wird. Mutti Hilda schaut ihm zu, während sie mehr und mehr um Atem ringt. Auf einer Videowand erscheinen eine todkranke Rebecca und eine muntere Angela im Exil bei einer gemeinsamen Probe. Auf einer anderen Wand sehen wir den Propagandaminister bei einer Rede vor einer großen Menge.

ANGELA ALS NINA »Ich dachte, berühmte Menschen seien stolz, unnahbar, würden die breite Masse verachten und sich mit dem Ruhm, dem Glanz ihres Namens an ihr dafür rächen, dass sie Herkunft und Reichtum über alles stellt.«

MUTTI HILDA *hustet, schluckt* Ja, liebe Güte – was ist denn nur los mit mir?

ANGELA ALS NINA »Aber da weinen sie, angeln, spielen Karten, lachen und ärgern sich wie alle anderen auch…«

DER HINKENDE Unser Volk ist groß, geschult, gestählt und diszipliniert genug, die volle Wahrheit zu ertragen. Es weiß nur allzu gut, wie schwer die historische Aufgabe ist, vor die das Reich gestellt ist. Seine Führung kann es deshalb auch auffordern, aus der Situation die nötigen harten, ja auch härtesten Folgerungen zu ziehen.

REBECCA FÜCHS ALS TREPLEV *liest mühsam aus dem Textbuch; hustet oft* »Liebe Nina Michajlovna Zarečnaja?«

ANGELA ALS NINA »Was tust du hier, Konstantin Gavrilovič Treplev?«

REBECCA FÜCHS ALS TREPLEV »Ich bring dir diese Möwe, Nina. Ich war so niederträchtig, das arme Tier zu töten.«

ANGELA ALS NINA »Was soll das, Treplev? Was soll ich mit einer toten Möwe?«

REBECCA FÜCHS ALS TREPLEV »Bald werde ich mich auf dieselbe Weise töten.«

DER HINKENDE Ich habe heute zu dieser Versammlung im Sportpalast einen Ausschnitt unseres Volkes im besten Sinne des Wortes eingeladen. Vor mit sitzen reihenweise Verwundete von der Ostfront, Bein- und Armamputierte, mit zerschossenen Gliedern, Kriegsblinde, die mit ihren Rote-Kreuz-Schwestern gekommen sind, Männer in der Blüte ihrer Jahre, die vor sich ihre Krücken stehen haben. Dazwischen zähle ich an die fünfzig Träger des Eichenlaubes und des Ritterkreuzes, eine glänzende Abordnung unserer kämpfenden Front. Hinter ihnen erhebt sich ein Block von Rüstungsarbeitern und -arbeiterinnen aus Waffen- und Panzerwerken unserer Hauptstadt.

MUTTI HILDA Vielleicht hilft mir ein Glas Wasser? *Schlurft nach einem Glas Wasser.*

DER HINKENDE Wieder hinter ihnen sitzen Männer aus der Parteiorganisation und einfache Soldaten, Ärzte, Wissenschaftler, Künstler, Ingenieure und Architekten, Lehrer, Beamte und Angestellte aus den Ämtern und

Büros, eine stolze Vertreterschaft unseres geistigen Lebens in all seinen Schichtungen, dem das Reich gerade jetzt im Kriege Wunder der Erfindung und des menschlichen Genies verdankt. Über das ganze Rund des Sportpalastes verteilt sehe ich Tausende unserer Frauen. Die Jugend ist hier vertreten und das Greisenalter. Kein Stand, kein Beruf und kein Lebensjahr blieb bei der Einladung unberücksichtigt. Ich kann also mit Fug und Recht sagen: Was hier vor mir sitzt, ist ein Ausschnitt aus dem ganzen deutschen Volk an der Front und in der Heimat. Stimmt das? Ja oder nein?

MUTTI HILDA Und das will einfach nicht weggehen…

ANGELA ALS NINA »Ich erkenne Sie nicht wieder.«

REBECCA FÜCHS ALS TREPLEV »Ja, seit ich Sie nicht wieder erkenne. Sie sind anders zu mir. Ihr Blick ist kalt, meine Anwesenheit ist Ihnen lästig.«

DER HINKENDE Somit verkörpert ihr, liebe Zuhörer, in diesem Moment unsere ganze Nation. Und an euch möchte ich zehn Fragen richten, die ihr mir mit unserem Volk zusammen vor der ganzen Welt, insbesondere aber vor unseren Feinden, beantworten sollt:

ANGELA ALS NINA »Du bist in letzter Zeit so reizbar. Du sprichst in Rätseln, immer nur in Symbolen. Jetzt diese Möwe wieder – was hat das zu bedeuten? Ich…« Ich…

REBECCA FÜCHS *souffliert* »Ich bin zu einfach, dich zu verstehen.«

ANGELA Natürlich! »Ich bin zu einfach, dich zu verstehen.« Ich lern es nie.

REBECCA FÜCHS Kind, du spielst wie eine junge Göttin. Du hast nur ein Problem. Es gibt hier kein Publikum.

ANGELA Die Kunst steht und fällt mit dem Einsatz des Künstlers, nicht mit dem des Publikums.

REBECCA FÜCHS Tja, Liebes, aber man kann nicht immer

Auge in Auge mit bloßer Leere spielen. Das hält niemand durch.

ANGELA Komm! Wir proben eine andere Szene, über diesen Treplev kann ich mich dauernd nur ärgern.

DER HINKENDE Die Alliierten behaupten, unser Volk habe den Glauben an den Sieg verloren. Ich frage euch: Glaubt ihr mit dem Führer und mit uns an den endgültigen Sieg unseres Volkes? Ich frage euch: Seid ihr entschlossen, dem Führer, in der Erkämpfung des Sieges durch dick und dünn und unter Aufnahme auch schwerster persönlicher Belastungen zu folgen?

ANGELA ALS NINA »Ich wär so gern an Ihrer Stelle, Trigorin.«

REBECCA FÜCHS ALS TRIGORIN *liest* »O ja? Und warum?«

ANGELA ALS NINA »Um zu erfahren, wie sich Berühmtheit anfühlt. Über sich in der Zeitung zu lesen!«

REBECCA FÜCHS ALS TRIGORIN »Fantastisch, Nina – solang sie einen loben. Verreißen sie einen, ist man tagelang gereizt.«

DER HINKENDE Zweitens: Die Alliierten behaupten, unser Volk ist des Kampfes müde. Ich frage euch: Seid ihr bereit, mit dem Führer als Phalanx der Heimat hinter der kämpfenden Truppe stehend, diesen Kampf mit wilder Entschlossenheit und unbeirrt durch alle Schicksalsfügungen fortsetzen, bis der Sieg in unseren Händen ist?

ANGELA ALS NINA »Das Glück ist nicht gerecht verteilt. Die meisten Leute schleppen sich mit Müh und Not durch ihr langweiliges, unbedeutendes Dasein dahin, alle sind unglücklich; anderen, einem von einer Million –, fällt ein interessantes, leuchtendes, bedeutungsvolles Leben zu... Sie sind so ein Glückspilz.«

MUTTI HILDA Ich krieg keine Luft...

DER HINKENDE Drittens: Die Alliierten behaupten, unser

Volk hat keine Lust mehr, sich der überhand nehmenden Kriegsarbeit, die die Regierung von ihm fordert, zu unterziehen. Ich frage euch: Seid ihr und ist unser Volk entschlossen, wenn der Führer es befiehlt, zehn, zwölf und – wenn nötig – vierzehn und sechzehn Stunden täglich zu arbeiten und das Letzte herzugeben für den Sieg?

REBECCA FÜCHS ALS TRIGORIN »Sie sind sehr jung und sehr nett. – ›Glück‹, ›Ruhm‹, ›ein strahlendes Leben‹… Worte, Worte, Worte! Für mich ist das alles wie Sirup. Und ich esse keinen Sirup. Davon kann ich nicht leben.«

DER HINKENDE Viertens: Die Alliierten behaupten, unser Volk wehrt sich gegen die totalen Kriegsmaßnahmen der Regierung. Es will nicht den totalen Krieg, sondern die Kapitulation. Ich frage euch: Wollt ihr den totalen Krieg? Wollt ihr ihn, wenn nötig, totaler und radikaler, als wir ihn uns heute überhaupt noch vorstellen können?

ANGELA ALS NINA »… ich lehne es ab, Sie zu verstehen. Sie sind einfach vom Erfolg zu verwöhnt.«

REBECCA FÜCHS ALS TRIGORIN »Von welchem Erfolg? Ich bin nie mit mir zufrieden. Ich mag mich nicht als Künstler. Außerdem…« Hustet.

ANGELA Geht's noch? Möchtest du ein Glas Wasser?

MUTTI HILDA wird unruhig Kurtchen? Ku-hurt? Kannst du deiner Mutter mal helfen, Junge?

DER HINKENDE Fünftens: Die Alliierten behaupten, unser Volk hat sein Vertrauen zum Führer verloren. Ich frage euch: Ist euer Vertrauen zum Führer heute größer, gläubiger und unerschütterlicher denn je? Ist eure Bereitschaft, ihm auf allen seinen Wegen zu folgen und alles zu tun, was nötig ist, um den Krieg zum siegrei-

chen Ende zu führen, eine absolute und uneinge-
schränkte?

REBECCA FÜCHS ALS TRIGORIN *liest weiter* »Aber ich bin doch
nicht nur Künstler, ich bin auch Staatsbürger, ich liebe
mein Volk und mein Land, ich spüre, dass ich auch verpflichtet bin, über sie zu sprechen, über ihre Leiden, ihre Zukunft, über die Wissenschaft, die Menschenrechte
und so weiter...« *Hustet wieder.*

ANGELA Wir hören auf, wir machen morgen weiter.

DER HINKENDE Ich frage euch als sechstes: Seid ihr bereit,
von nun ab eure ganze Kraft einzusetzen und alle erfor-
derlichen Mittel und Menschen zur Verfügung zu stellen, um der Gefahr aus dem Osten den tödlichen Schlag
zu versetzen?

REBECCA FÜCHS Nein, bitte, nicht aufhören. Du bist grad so
gut drin. Und es tut mir gut, dir zuzusehen. *Gibt Angela
das Textbuch.*

MUTTI HILDA *hustet, unter Schmerzen* Und dagegen ist kein
Kraut gewachsen, weißt du...

DER HINKENDE Ich frage euch siebtens: Gelobt ihr mit heiligem Eid der Front, dass die Heimat mit starker Moral
hinter ihr steht und ihr alles geben wird, was sie nötig
hat, um den Endsieg zu erkämpfen?

ANGELA »Und ich spreche auch über all das«, sagt Trigorin
noch, *als Trigorin* »wirklich alles, wie ein Rasender, von
allen Seiten werde ich getrieben, von ihnen gehetzt, ich
renne von einer Seite nach der anderen, wie der Fuchs,
dem die Hunde im Nacken sitzen, und ich sehe Leben
und Wissenschaft voran- und voranschreiten, während
ich immer weiter zurückbleibe, wie ein Bauer, der den
Zug verpasst hat, und schließlich und endlich spüre
ich, dass ich egal, ob ich nun Maler bin oder Schriftstel-
ler, zwar eine Landschaft hinpinseln oder beschreiben

könnte, aber: in allem übrigen bin ich verlogen, unecht bis ins Mark.«

DER HINKENDE Ich frage euch achtens: Wollt ihr, insbesondere ihr Frauen selbst, dass die Regierung dafür sorgt, dass auch die Frau ihre ganze Kraft der Kriegsführung zur Verfügung stellt, und überall da, wo es nur möglich ist, einspringt, um Männer für die Front frei zu machen und damit ihren Männern an der Front zu helfen?

ANGELA Und dann antwortet Nina: *als Nina* »Sie sind überarbeitet und Sie haben weder Zeit noch Lust, sich Ihrer Bedeutung bewusst zu werden. Seien Sie mit sich unzufrieden, für andere sind Sie gewaltig und unentbehrlich! Für das Glück, so jemand zu sein, würde ich alles opfern und alles ertragen: die Feindschaft meiner Freunde und Verwandten, Not und Enttäuschung...«

MUTTI HILDA *schaut um sich* Kurtchen, mein Junge?

DER HINKENDE Ich frage euch neuntens: Billigt ihr, wenn nötig, die radikalsten Maßnahmen gegen einen kleinen Kreis von Drückebergern und Schiebern, die mitten im Kriege Frieden spielen und die Not des Volkes zu eigensüchtigen Zwecken ausnutzen wollen? Seid ihr damit einverstanden, dass, wer sich am Krieg vergeht, den Kopf verliert?

ANGELA ALS NINA »Ich könnte in einer Dachkammer wohnen...«

MUTTI HILDA Es wird immer schlimmer, immer schlimmer ... Kurt?

NICOLE NAUMANN *kommt auf die Bühne, tauscht langsam ihre mondäne Kleidung gegen eine Uniform* In letzter Zeit muss ich immer an meine erste große Schiffsreise denken. Ganz allein, ich war gerade zwanzig. Nachts hatten wir einen Riesensturm, alle waren seekrank.

183

ANGELA ALS NINA »Ich könnte von Wasser und trocken Brot leben…«

NICOLE NAUMANN Am nächsten Morgen, im Sonnenschein, nah der sicheren Küste und bei ruhiger See, rekelten wir uns an Deck, erholten uns von den Strapazen und warteten aufs Frühstück. Plötzlich stand ganz oben auf der endlos langen Bank ein Mädchen auf. Sie lief zur Reling und übergab sich.

ANGELA ALS NINA »gequält nur von der Unzufriedenheit mit mir selbst und meinem Können…«

MUTTI HILDA Kurtchen? Kurt? Oder jemand anders?

NICOLE NAUMANN Kurz darauf stand auch die Mutter des Mädchens auf und folgte ihrem Beispiel. Danach der Mann, der neben der Mutter gesessen hatte. Und dann der Junge neben ihm. Und immer so weiter. Der Vorgang setzte sich mit schönster Regelmäßigkeit und Geschwindigkeit fort. Die ganze Bank entlang.

ANGELA ALS NINA »…und vom Bewusstsein meiner Unvollkommenheit…«

MUTTI HILDA Kurt…

DER HINKENDE Ich frage euch zehntens: Wollt ihr, dass auch während des Krieges gleiche Rechte und gleiche Pflichten vorherrschen, und dass die Belastungen des Krieges solidarisch über hoch und niedrig und arm und reich in gleicher Weise verteilt werden?

ANGELA ALS NINA »Aber dafür würde ich Anerkennung verlangen. Keinen leeren Ruhm, keinen Klatsch, keine mondänen Feste. Sondern Anerkennung für meine Rolle als Künstler.«

DER HINKENDE Wenn wir je treu und unverbrüchlich an den Sieg geglaubt haben, dann in dieser Stunde der nationalen Besinnung und der inneren Aufrichtung.

REBECCA FÜCHS *zu Angela* Bravo.

NICOLE NAUMANN Das Gespeihe kam unaufhaltsam näher. Wir schauten fasziniert zu, lachten, machten unsere Witze. Doch das Lachen verging uns. Auch bei uns liefen die Leute zur Reling.

REBECCA FÜCHS Bravo. Bravo.

MUTTI HILDA *schon leicht phantasierend* Kurt?

NICOLE NAUMANN Ich verfolgte das Geschehen und achtete dabei genau auf mich. Ich studierte, hatte schon ein paar Abschlüsse, ich besaß einen starken Willen. Es musste doch so was wie »objektiv zuschauen« geben? Und plötzlich sprang die Frau neben mir auf. Und etwas in mir zwang mich, dasselbe zu tun, wie alle anderen. Ich rannte zur Reling, beugte mich vor und spieh und spieh, bis nur noch Galle kam.

Kriegslärm wird immer lauter.

REBECCA FÜCHS Bravo.

MUTTI HILDA *sinkt zusammen* So hilf mir doch…

DER HINKENDE Wir sehen den Sieg greifbar nahe vor uns liegen; wir müssen nur zufassen.

ANGELA Ich lern es nie.

MUTTI HILDA *wimmert* Kann mir nicht irgendjemand helfen – bitte?

DER HINKENDE Wir müssen nur die Entschlusskraft aufbringen, alles andere seinem Dienst unterzuordnen.

REBECCA FÜCHS Bravo. *Hustet laut los.*

DER HINKENDE Das ist das Gebot der Stunde.

ANGELA Leg dich hin, Rebecca. *Hilft ihr.*

DER HINKENDE Und darum lautet die Parole: Nun, Volk, steh auf!

Auftritt der Dicke; schiebt Victor Müller vor sich her und zwingt ihn auf die Knie.

ANGELA Vorsicht…
DER HINKENDE Und Sturm: brich los!

Der Dicke schießt Victor ins Genick; der Kriegslärm ver-
stummt mit einem Mal völlig.

MUTTI HILDA *schwach* Vic? Was ist denn da los?
NICOLE NAUMANN *neben der Leiche* Warum konntest du
   einfach nicht aufhören, Victor? Du wusstest doch, was
   du riskierst. Es ist schrecklich, das zu sagen, aber du
   hast es so gewollt. Wer spielt, muss damit rechnen,
   auch zu verlieren. *Wendet sich von der Leiche ab.*
MUTTI HILDA Kurtchen? – Bitte???! *Lange Pause.*
KURT KÖPLER ALS MEPHISTO *in vollem Ornat auf der Vorder-*
   bühne »Es war einmal ein König,
   Der hatt' einen großen Floh…«
   Stockt, sucht einen Moment lang den Text.
   »Den liebt' er gar nicht wenig,
   Als wie den eignen Sohn.
   Da rief er seinen Schneider,
   Der Schneider kam heran:
   ›Da miss dem Junker Kleider
   Und Galahosen an!‹«
   Stockt, stützt sich auf seine sprachlose Mutter.
   »In Sammet und in Seide
   War er nun angetan,
   Hatte Bänder auf dem Kleide,
   Ein Ritterkreuz daran.
   Und war sogleich Minister,
   Und hatt' einen großen Stern,
   Da wurden seine Geschwister
   Bei Hof auch große Herrn.«
   Verwirrt.

KURT KÖPLER ALS HAMLET »Es ist was faul…«
Von jetzt an immer schneller und verwirrter.
KURT KÖPLER ALS MEPHISTO
»Und niemand durft sie knicken
Und weg sie jucken nicht.
Wir knicken und ersticken,
Doch gleich, wenn einer sticht?!«
KURT KÖPLER ALS HAMLET »Es ist was faul…« *Pause.*
»In unserem Land.«
KURT KÖPLER ALS RICHARD II
»Wie kann ein Mann wie ich erscheinen vor
Nem Fürsten, da die Zunge doch, womit ich selbst
Als König kommandierte, immer noch
Erstorben mir im Mund liegt? Für die Rolle
Des Wurms fehlt mir der Text – und kein Souffleur
Liest solch horreur, und selber kann ich leider
Mich wörtlich nicht die Bohne mehr erinnern
An Euer Schmeicheln, Heucheln, Buckeln, Dienern…
Für welches dieser Vier ruft ihr mich her?
Was soll der König tun? Den Kniefall machen?
Der König wird es tun. Der Kron entsagen?
Der König nickt!
Seht alle zu, wie ich mich selbst vernichte.«
KURT KÖPLER ALS HAMLET »Es ist was faul…«
KURT KÖPLER ALS ONKEL WANJA »Mein ganzes Leben habe
ich dieses Gut verwaltet, wie der gewissenhafteste Ver-
walter im weiten Umkreis – und jetzt wird mir das
Land unterm Hintern verkauft? Wo soll ich wohnen,
mit meiner alten Mutter? Mein ganzes Leben habe ich
mit ihr hier in diesen vier Wänden gehockt wie ein
Maulwurf. All unsere Gedanken und Gefühle haben dir
gehört, und deiner Arbeit da draußen, weit fort, in den
großen Städten, der echten Welt. Und was bin ich jetzt?
Was kann ich noch werden?«

KURT KÖPLER ALS HAMLET »Es ist was faul…«
KURT KÖPLER ALS MARQUIS VON POSA
   »Ich mag zwar jung sein, nur Marquis von Posa,
   Jedoch ich kann nicht Fürstendiener sein.
   Da Sie den Menschen aus des Schöpfers Hand
   In Ihrer Hände Werk verwandelten,
   Und dieser neu gegossenen Kreatur
   Zum Gott sich gaben – da versahen Sie's
   In etwas nur: Sie blieben selbst noch Mensch.
   Sie brauchen Mitgefühl – und einem Gott
   Kann man nur opfern – zittern – zu ihm beten!
   Bedauernswerter Tausch! Unselige
   Verdrehung der Natur! Die Sterblichen,
   Sie müssen lieben, können leiden. Doch was sind Sie
   Mein Fürst? Ein Gott – oder ein Sterblicher?« *Stockt.*
KURT KÖPLER ALS HAMLET »Es ist was faul…«
KURT KÖPLER ALS MARQUIS VON POSA   »Sire!
   Jüngst kam ich an von Flandern und Brabant. –
   So viele reiche, blühende Provinzen!
   Ein kräftiges, ein gutes Volk - und Vater dieses Volkes!
   Das dacht ich, das muss herrlich sein! Für Sie!
   Ein Gottsgeschenk! Da stieß ich auf
   Verbrannte menschliche Gebeine. Ist das
   Der Wechsel Ihnen auf die Ewigkeit? O lassen Sie,
   Großmütig wie der Starke, Menschenglück
   Aus Ihrem Füllhorn strömen – Geister reifen
   In Ihrem Weltgebäude. Geben Sie,
   Was Sie uns nahmen, wieder.
   Ein Federzug von dieser Hand genügt!
   O Sire, geben Sie Gedankenfreiheit.«
KURT KÖPLER ALS HAMLET »Es ist was faul…«
KURT KÖPLER ALS ONKEL VANJA »Ich bin schon siebenund-
   vierzig; angenommen, ich werde sechzig, dann bleiben

mir noch dreizehn Jahre. Was soll ich mit all der Zeit tun, wenn das Landgut verkauft wird? Wenn du wüsstest, wie ich mich schäme! Dieser Schmerz ist mit nichts zu vergleichen. ... Gib mir etwas gegen den Schmerz! Wenn es möglich wäre, den Rest seines Lebens auf neue Art zu leben. An einem klaren, stillen Morgen aufwachen und spüren, du hast wieder zu leben angefangen, die Vergangenheit vergessen, verflogen wie Rauch. *Weint.* Sag mir... was soll ich anfangen? Wie? Gib mir etwas gegen den Schmerz.«

KURT KÖPLER ALS DANTON »Das Gewissen ist ein Spiegel, vor dem ein Affe sich quält, mein lieber Robespierre. Hast du das Recht, aus der Guillotine einen Waschzuber für die unreine Wäsche anderer Leute und aus ihren abgeschlagnen Köpfen Seife für ihre schmutzigen Kleider zu machen? Nur weil du immer einen sauber gebürsteten Rock trägst? Ich leugne die Tugend und das Laster. Es gibt nur Genießer, Epikureer, und zwar grobe und feine; das ist der einzige Unterschied, den ich zwischen den Menschen herausbringen kann. Der einzige Unterschied, den ich noch machen will.«

KURT KÖPLER ALS HAMLET »Es ist was faul...«

KURT KÖPLER ALS RICHARD II

»So spiel ich zig Personen ganz allein,
Doch keine ganz durchdrungen und gelungen.
Was immer auch jedoch ich bin: nicht ich
Noch irgendwer, der auch nur Mensch ist und nicht
mehr,
Kann je mit was zufrieden sein, als bis
Er Frieden schließt hiermit: der Mensch ist nichts.«

KURT KÖPLER ALS HAMLET »Es ist was faul...«

KURT KÖPLER ALS MEPHISTO

»Verachte nur Vernunft und Wissenschaft,

Des Menschen allerhöchste Kraft,
Lass nur in Blend- und Zauberwerken
Dich von dem Lügengeist bestärken,
So hab' ich dich schon unbedingt -
Glaub unsereinem, dieses Ganze
ist nur für einen Gott gemacht!
Er findet sich in einem ewgen Glanze,
Mich hat er in die Finsternis gebracht,
Dir Sterblichem gewährt er einzig Tag und Nacht.
So ist euch nur vor einem bang:
Die Zeit ist kurz, die Kunst ist lang.«

MUTTI HILDA Ich krieg keine Luft mehr! Ich krieg keine
Luft mehr…

KURT KÖPLER ALS HAMLET »Es ist was faul…«

MUTTI HILDA Kurtchen? Komm doch mal bitte…

Stirbt; Kriegslärm bricht mit voller Stärke los.

Dämonisches Durcheinander

II. 3 Pandämonium

*Die folgenden Dialoge gehen durcheinander. Großer Lärm
in den Gängen des Theaters.*

KURT KÖPLER Mutti? *Nimmt sie in die Arme.*

DER DICKE *strahlt vor Lebenslust* Wo sind meine Waffen?
Wo meine treuen Truppen?

NICOLE NAUMANN Hier bin ich. Hier!

*Der Dicke und Nicole werfen alles, was sie auf der Bühne
finden, auf einen Haufen.*

KURT KÖPLER Was hat das noch für einen Zweck, jetzt?
Drückt Mutti die Augen zu. Was kann ich noch tun?

DER DICKE Such dir ein Gewehr, Mann, und schieß, verteidige dich! Eine gut gezielte Kugel ist mehr wert als deine ganze Laufbahn als Schauspieler. Wag es, für die Gemeinschaft zu sterben, die dich groß gemacht hat.

KURT KÖPLER Was hat das noch für einen Sinn? Die Befreiung naht.

NICOLE NAUMANN Befreiung?

DER DICKE Hörst du nicht das Schreien der Männer draußen, das Flehen der Frauen, zuerst vergewaltigt und dann verbrannt?

NICOLE NAUMANN *bleich vor Angst* Das ist die Barbarei, die herankommt!

DER DICKE Denkst du, sie werden in euch was anderes sehen – als Barbaren? Denkst du, Nicole hat Aussicht auf Gnade? Ihr habt keine Chance, alle beide.

NICOLE NAUMANN ALS LADY MACBETH *wäscht sich die blutigen Hände* »Kommt Geister, die ihr lauscht,
Auf Mordgedanken, und entweibt mich hier;
Füllt mich von Wirbel bis zur Zeh, randvoll,
Mit wilder Grausamkeit! Verdickt mein Blut;
Sperrt jeden Weg und Eingang dem Erbarmen,
Dass kein klopfend Mahnen der Natur
Den grimmen Vorsatz lähmt, noch friedlich hemmt
Vom Mord die Hand! Kommt an die Weibesbrust,
Trinkt Galle statt der Milch, ihr Morddämonen,
Wo ihr auch harrt in unsichtbarer Kraft
Auf Unheil der Natur! Komm, tiefe, schwarze Nacht!«
Weint.
»Umwölk dich mit dem dicksten Dampf der Hölle,
Dass nicht mein scharfes Messer sieht die Wunde,
Die es geschlagen, noch der Himmel,
Durchschauend auf des Dunkels Vorhang, rufe:
Halt! Halt ein! Halt ein!«
Bewaffnet ab.

KURT KÖPLER Nicole! Nein!

DER DICKE *seine Browning im Anschlag* Holt mich doch! Los! Meine Browning hat dreizehn Patronen. Und dreizehn von euch nehm ich mit – mein ganzes Volk, wenn's sein muss. Ein Genickschuss kann eine Form von Liebe sein. Denn wenn wir euch nicht überleben – euch Mistkäfer, Kapitalisten, Neger, Juden, lebende Tote –, dann sind wir das Leben nicht wert. Was uns nicht hindert, mannhaft und stolz unterzugehen, vor den Augen der Welt, in Feuer und Flamme, für Freiheit und Ehre. Wir wissen, was siegen heißt, selbst in der Niederlage. Wir lieben das Leiden, versteht ihr das nicht? Wer seinen Wert und seine Geschichte kennt so wie wir, der kann alles ertragen. Demütigungen, Schläge, Ausgrenzung und Hunger. Butter? Brauchen wir nicht, solange wir Kanonen schmieden können. Feuerkraft macht Macht, Butter macht fett. Butter ist für den Leib, was Ideologie für den Geist. Ich bin nicht wegen des ideologischen Palavers in meine Partei eingetreten. Unsere Politik war Ablehnung der Politik. Ich bin in die Partei eingetreten, weil ich Revolutionär bin. Ich bin revolutionär. Bis heute! Los, holt mich doch! Schießt die wahre Revolution über den Haufen. Tötet mich, macht mich zur Ikone! Belohnt meine Mission mit dieser Apotheose. Wer lebenslänglich im Gefängnis sitzt, wird nie der Märtyrer, der er mit ein paar Kugeln im Kopf wäre. Nie werd ich mich lebend ergeben. Auf unser Jahrhundert folgen noch zig andere, einmal kommt der Tag, an dem unser Land die Führer verurteilt, die unsere Kapitulation unterschrieben. Das niemals! Ich unterschreibe nichts! Und was den Tod angeht: Vor dem hab ich schon seit meinem zwölften Lebensjahr keine Angst. Was bringen ein paar Jahre mehr? Ein paar Jahre vorne pissen, hinten scheißen! Das ist Leben ohne einen Traum. Es wird wieder eine Generation kommen, die das versteht und wieder für ihre nationalen Interessen kämpft. Also nehmt eure schönen Prinzipien, eure Trauerkultur, eure beschissene Reue, den ganzen demokratischen Plunder, und steckt sie euch in den Arsch. Ich bleib, was ich die ganze Zeit über war: der letzte Renaissancemensch. Na, schießt schon! Knallt ihn ab! Das ist eure letzte Chance! Aber wer es wagt, mich umzulegen, muss wissen: Er schießt auf die Geschichte. Gut oder schlecht, ich bin eine historische Figur, und der Schütze ist niemand. Er ist nichts. Ich bin ihm überlegen. Ich stehe über euch. Ein Gewissen brauche ich nicht. Ich hab nur ein Gewissen. Eine Ehre. Die Treue zum Führer. Was will der Mensch noch mehr? *Steckt sich die Browning in den Mund, zieht am Abzug; sinkt schwülstig zusammen, Kriegslärm bricht ab.*

Lange Pause, in der Kurt sich erst die Schminke vom Gesicht wischt, dann entgeistert um sich blickt, hin und her zwischen den drei Leichen Victors, Muttis und des Dicken.

II.4 Ein neues Regime, ein altes Theater

Der Bühnenraum verfärbt sich blutrot: Die Barbaren nehmen die Stadt ein und auch das Theater. Der Neue Führer kommt herein und betrachtet neugierig und bescheiden das Gebäude, wie der Dicke in I.2.

DER NEUE FÜHRER *zu Kurt* Guten Tag. *Pause.*
KURT KÖPLER *murmelnd* Guten Tag.
DER NEUE FÜHRER Beeindruckendes Gebäude.

KURT KÖPLER *Pause* Schon zweihundert Jahre.

DER NEUE FÜHRER Gott sei Dank kaum beschädigt. Ein paar Türen kaputt. Ein paar Einschusslöcher.

KURT KÖPLER *Pause* Wir haben Glück gehabt.

DER NEUE FÜHRER Darf ich fragen...? *Lächelt.* Ich kann mich irren, aber... Sind Sie nicht...? Der berühmte...? *Streckt ihm die Hand entgegen.*

KURT KÖPLER *Pause* Kurt Köpler. *Schüttelt die Hand.* Und Sie?

DER NEUE FÜHRER *lässt die Hand nicht los* Sagen wir: Ich bin der Führer hier.

KURT KÖPLER Der Führer?

DER NEUE FÜHRER Der Führer der Revolution. *Schüttelt noch immer die Hand.* Sie sind über die schweren Strafen unterrichtet, die auf Kollaboration mit dem alten Regime stehen?

KURT KÖPLER *Pause* Nein – aber ich akzeptiere sie. Alle.

DER NEUE FÜHRER Was würden Sie davon halten, Herr Köpler, wieder Theater zu spielen?

KURT KÖPLER Theater?

DER NEUE FÜHRER Dieses Gebäude schreit nach einem neuen Spiel, einem neuen Publikum. Wer anders als Sie hat dazu das Zeug und Talent?

KURT KÖPLER *Pause* Ich?

DER NEUE FÜHRER Ich lasse Ihnen völlig freie Hand. Bis auf ein paar Kleinigkeiten. Gesten des Entgegenkommens. Unseren Zielen gegenüber. Hier und da.

KURT KÖPLER *bricht zusammen, weint* Ich danke Ihnen. Danke...

DER NEUE FÜHRER Dank? *Lässt Kurts Hand los.* Wenn alles gut geht, Herr Köpler, werden die Massen Ihnen danken, nicht umgekehrt. *Lässt den Blick weiter prüfend durchs Gebäude schweifen.* Was nutzt uns ein Sieg, der nichts zur Besserung beiträgt? Zur Erhebung des Menschengeschlechts? Unsere Panzer, unsere Jagdflugzeuge, die Kriegsflotte… sie alle sind wertlos, wenn unsere Piloten, unsere Fahrer und Kapitäne aus Ton sind oder Flittergold. Wir brauchen noble Seelen. Starke Seelen. Seelen aus Stahl. Sie zu schmieden, ist wichtiger als das Zusammenschrauben von Panzern oder das Bauen von Brücken. Was wir brauchen, Herr Köpler, sind Ingenieure der Seele. *Betrachtet die Leiche des Dicken.* Die Menge ist unmündig und dumm. Sie muss gelenkt werden, wie Wasser in Gräben und Kanäle. Von Menschen wie Ihnen. Die den moralischen Mut besitzen, Menschen wie mich zu unterstützen. Mit lehrreichen, humanistisch wertvollen Theaterstücken und einer Unterhaltung, die von kultureller Verantwortung zeugt. *Pause.* Wir können auf Sie zählen? *Pause.*

KURT KÖPLER *immer noch entgeistert* Selbstverständlich.

DER NEUE FÜHRER Sie werden bald einen Anruf vom neuen Kulturminister bekommen. Sobald ich einen gefunden habe. *Ab.*

Das Rot verschwindet; Rebecca mühsam auf die Bühne, gestützt von Angela.

REBECCA FÜCHS Kurt?

KURT KÖPLER Rebecca? *Steht auf.*

ANGELA Land befreit? Stadt befreit? Hier sind wir.

REBECCA FÜCHS *um sich blickend* Endlich zurück!

KURT KÖPLER Ich bin so froh, euch zu sehen.

REBECCA FÜCHS ALS LJUBOV »Als hätte ich früher nie gesehen, was für prächtige Plafonds es hat, und was für schöne Wände.« Selbst die Balkone, mit ihren vergoldeten Schnörkeln! »Und jetzt schaue ich auf sie mit einer

Sehnsucht, mit so zärtlicher Liebe, so vielen Erinnerungen…«

KURT KÖPLER Es ist ein altes Theater mit einem neuen Publikum. Die schwarze Seite können wir endlich umschlagen. Was ist denn?

ANGELA Rebecca ist gekommen, um Abschied zu nehmen.

KURT KÖPLER Abschied? Jetzt?

REBECCA FÜCHS *trauriges Lächeln* Wie können wir je wieder Theater spielen, Kurt? Und ausgerechnet hier?

KURT KÖPLER Wir haben die Pflicht, es wenigstens zu versuchen. Gerade hier.

REBECCA FÜCHS Wie denn? Schon allein die Vernichtungslager! Und all die jungen Soldaten, auf beiden Seiten. Die Millionen Zivilopfer. Manche Katastrophen sind zu groß für Kunst.

KURT KÖPLER Was sollen wir denn sonst machen? Darüber schweigen? Sie vergessen? Aufhören zu leben? Mit allem?

REBECCA FÜCHS Wahrscheinlich hast du sogar Recht, mein Lieber. *Streichelt ihm übers Gesicht.* Aber ich kann's einfach nicht.

KURT KÖPLER Rebecca − ich bitte dich! Ich weiß, wie furchtbar ich mich geirrt habe. Meine Entschuldigung ist so viel schwächer als meine Schuld. Ich habe mich belogen und betrogen, und viele andere auch. Am meisten die, die mir am liebsten waren. Ich habe meine Macht überschätzt. Doch die Situation ist nun mal, wie sie ist. Ist meine Schuld so groß, dass ich sie nie mehr abtragen kann? Bin ich denn so ein schlechter Mensch? Gib mir die Chance, das Gegenteil zu beweisen. Lass uns zusammen da weitermachen, wo wir aufgehört haben.

REBECCA FÜCHS *küsst ihn innig, wehrt ihn dann aber ab* Ich kann nicht. Es tut mir Leid. *Dreht sich um.*

KURT KÖPLER Geben wir das alles dann einfach so auf? So schnell?

ANGELA *stützt Rebecca* Lass sie in Ruhe. Siehst du nicht, wie schlecht es ihr geht? Den Schaden, den du angerichtet hast?

KURT KÖPLER Ich?

ANGELA Wie kann man so verblendet sein? Dass man nicht sieht, was man zerstört hat?

KURT KÖPLER *Pause* Du hast Recht. Es tut mir Leid. Es tut mir Leid! Aber gib wenigstens du mir die Möglichkeit, es wiedergutzumachen, Angela. Du bist jung, du hast Talent. Ich kann dir weiterhelfen. Zusammen können wir etwas aufbauen...

ANGELA Nein, das können wir nicht.

KURT KÖPLER Doch! Das Geld ist vorhanden, das Gebäude intakt, die Publikum wartet auf uns.

ANGELA Bei all dem, was du verkörperst? Wie kannst du, wie wagst du es, von mir zu erwarten, dass ich jemals wieder mit dir zusammenarbeite? Ich setze keinen Fuß auf diese Bühne, solange du hier stehst.

KURT KÖPLER *Pause* Gut. Okay. Es tut mir weh, aber ich kann selbst das verstehen. Aber wie lange dauert die Quarantäne, Angela? Wie lang dauert es, bis jemand sein Brandmal verliert?

ANGELA Das entscheidest nicht du. Das entscheide ich.

KURT KÖPLER Es muss doch einen Wendepunkt geben, an dem einem verziehen wird. Nein? Ist das denn gerecht? *Pause.* Glaub mir wenigstens das: Ich finde, was geschehen ist, genauso schlimm wie du.

ANGELA Ach? Wie schlimm? Erzähl mal, Kurt. Versuch dafür mal einen Ausdruck zu finden. Ohne Komödie und falsches Getue.

KURT KÖPLER Das ist nicht fair, Angela. Gibt es irgendjemanden, der das könnte?

ANGELA Wenn irgendjemand es kann, dann du. Das Genie.

KURT KÖPLER Das hab ich nie von mir behauptet. Nie.

ANGELA *hilft Rebecca von der Bühne* Wirklichen Schmerz, Kurt. Echte Leidenschaft. »Authentizität.«

KURT KÖPLER Ich empfinde... Ich meine...

ANGELA *fast von der Bühne* Was meinst du, Kurt? Was »empfindest« du? *Ab.*

KURT KÖPLER *allein zurückbleibend* Ich empfinde... Ich meine... *Pause, blickt in den Saal.* Ich... *Pause.* Ich...

Fade-out.

Vorhang.

Anhang

Nachbemerkung des Autors

Während *Mamma Medea* im Wesentlichen auf zwei Quellen basiert, der *Argonautika* des Apollonius von Rhodos und natürlich der *Medea* des Euripides, ist die Entstehung von *Mefisto forever* etwas komplizierter. Auf der Grundlage von Klaus Manns Meisterwerk *Mephisto* wurde das Stück zu einer ziemlich freien Bearbeitung, was sich schon dadurch zeigt, dass ich beschloss, selbst die Namen der Figuren zu ändern.

Bei dieser Gelegenheit möchte ich ausdrücklich den Erben von Klaus Mann danken, die mir die Erlaubnis zu dieser Adaption gaben.

Die zentrale Idee für *Mefisto forever*, die ich gemeinsam mit dem Regisseur Guy Cassiers entwickelte, war die Einheit des Raumes: Alle Szenen sollten sich im Theater ereignen, um ein doppelbödiges Spiel von Proben und »richtigem Leben« zu erzeugen, in dem die unterschiedlichsten Dramen der Weltliteratur zitiert werden konnten, ein Patchwork aus Dramen-Zitaten und tatsächlichem Drama – ein Lied von Schein und Sein, ein Spiegelkabinett der Manipulation, Feigheit und Tapferkeit.

In diesem Labyrinth literarischer Echos und behaupteter Widerständigkeit versteckt sich die Hauptfigur, Kurt Köpler, indem er seinen künstlerischen Ehrgeiz als politische Strategie ausgibt. Doch bei dem Versuch, »das System von innen zu bekämpfen«, verliert er sich in einem moralischen Labyrinth und wird am Ende von dem System geschlagen, von dem er zu profitieren glaubte.

Welches Stück könnte dieses Schwanken zwischen Tatendrang und Handlungsunfähigkeit besser ausdrücken als *Hamlet*? Auch aus anderen Dramen von Shakespeare zitiere ich: *Julius Cäsar, Macbeth, Romeo und Julia.* Goethes *Faust* spielt natürlich eine wichtige Rolle, schon allein durch den Umstand, dass der Mephistopheles die Paraderolle von Gustaf Gründgens war, jenem Schauspieler und Intendanten also, auf dessen Karriere Klaus Mann seinen Roman bezieht. Ich zitiere zudem aus einer Reihe von Stücken, die man als eine Art politischen Kommentar zu einer von Despotie bedrohten Gesellschaft lesen *kann*: Schillers *Don Carlos*, Shakespeares *Richard III.*, Čechovs *Kirschgarten* und *Dantons Tod* von Georg Büchner … In wiederum anderen Fällen waren Stücke einfach zu schön und zu passend, um nicht zitiert zu werden: *Hekabe* von Euripides oder Čechovs *Onkel Wanja* und *Die Möwe.*

Beim Zitieren habe ich mir allerdings zwei Freiheiten erlaubt: Nur selten zitiere ich wörtlich. Da *Mefisto forever* ein verbaler Kampf ist zwischen Schauspielern, die mehr und mehr wie Politiker handeln, und Politikern, die mehr und mehr wie Schauspieler posieren, wird die Sprache und deren Manipulation zur eigentlichen Waffe. Das Schlachtfeld ist die Bühne, die Wörter sind die Schwerter. Wer ist der wahre Hüter des kulturellen Erbes und der nationalen Identität, die – so oft – auf jenem gründet: der Politiker oder der Künstler? Beide beanspruchen dieses Erbe für sich und beide biegen es sich solange zurecht, bis es ihren eigenen Interessen und Zielen dient. Genauso habe ich es auch gemacht. Ich veränderte Worte der ältesten und ehrwürdigsten Meister, bis sie meinen Zwecken dienten. Oder besser: den Zwecken der selbsternannten Genies in meinem Stück, seien es Politiker oder Schauspieler, Kurt Köpler oder der Propagandaminister. Darüber hinaus habe ich hier und dort auf bereits bestehende holländische Adaptionen zurückgegriffen, so dass manches Zitat, wenn es schließlich in *Mefisto forever* landete, ein doppelt und dreifach überschriebenes Palimpsest war – ein neues Gemälde, das nur noch die Konturen des alten übernommen hatte. Wer täuscht wen? Wer manipuliert wen? In genau diesem Verwirrspiel sind Theater und Politik einander am ähnlichsten.

Die zweite Freiheit, die ich mir genommen habe, besteht darin, dass ich nicht nur weltberühmte Texte aus der Literatur verwende. In dem Moment, da die Politiker die Schauspieler aus dem Rampenlicht verdrängen, müssen auch sie ihren Kanon berühmter Worte mitbringen. Eine Reihe von Göring-Zitaten habe ich einfach gegoogelt, übersetzt (meist aus dem Englischen) und so zusammengefügt, dass sie als Rede einen Sinn ergeben; dabei habe ich auch Zeilen hinzuerfunden, wie bei einer Collage aus historischen Photographien und eigenen Zeichnungen. Die »Sportpalast«-Rede von Joseph Goebbels habe ich dagegen relativ minutiös aus der Originalsprache übersetzt. Teile einer Rede, die Josef Stalin an Maxim Gorki und dessen russische Schriftstellerkollegen richtete, kopierte ich aus *Ingenieure der Seele*, einem Buch des holländischen Autors und Soziologen Frank Westermann.

Zweifellos haben noch andere Bücher und Theaterstücke ihren Weg in mein Stück gefunden… Am Ende konnten weder der Regisseur der Uraufführung noch ich selbst unterscheiden, welche Zeile ein echtes Zitat war und welche eine Manipulation, eine Lüge oder einfach eine komplett neue Erfindung. Das stärkt, so hoffe ich, das zentrale Motiv des Stückes: Kurt Köpler manipuliert die Wahrheit so sehr, dass er schließlich selbst nicht mehr weiß, wo diese endet und sein Selbstbetrug beginnt – oder: wo Widerstand zu Kollaboration wird.

Von den schon genannten Theaterstücken einmal abgesehen, waren mir folgende Werke besonders wichtig: *Der Wendepunkt* von Klaus Mann, *Wirklichkeit des Theaters* von Gustaf Gründgens, *Klaus Mann. Mit Selbstzeugnissen und Bilddokumenten* von Uwe Naumann, *Mephisto – Karriere eines Romans* von Eberhard Spangenberg, *Mephisto ohne Maske. Gustaf Gründgens – Legende und Wahrheit* von Alfred Mühr, *LTI (Lingua Tertii Imperii). Notizbuch eines Philologen* von Victor Klemperer, *Mephisto. Klaus Mann's Roman van een carrière, bewerkt door Ariane Mnouchkine* von Hans W. Bakx und *Het spel van Dr. Faustus. Goethe* von Joris Diels, Archief Toneelhuis.

Tom Lanoye im Juni 2007

Nachbemerkung des Übersetzers

Bei der Übersetzung der Zitate aus der bekannten Theaterliteratur in *Mefisto forever* war es mit dem einfachen Aufsuchen und Kopieren der gewählten Passagen natürlich nicht getan. Vielmehr musste der Prozess von Zitieren, Variieren und vollkommener Neudichtung auch in der Übersetzung nachgebildet werden. Jede Übereinstimmung mit der in Deutschland üblichen oder bevorzugten Textfassung des jeweiligen Zitats, aber auch jede Abweichung ist daher gewollt und beruht auf detaillierten Angaben des Autors zu seiner Zitier- und Bearbeitungsweise an der entsprechenden Stelle. Lediglich bei sehr kurzen, jedoch auf einen emblematischen Wiedererkennungswert bauenden Zitaten wie etwa Hamlets »Es ist was faul« oder solchen Stellen aus deutschen Dramen, die bei einer Abweichung vom Original eben nicht als Zitat oder Anlehnung zu erkennen gewesen wären (etwa Gretchens Erinnerung an Fausts Zärtlichkeiten in der Kerkerszene) entschloss ich mich in Absprache mit dem Autor, wieder stärker auf die in Deutschland jeweils übliche Fassung zurückzugehen oder ein sofort erkennbares Zitat gleicher Funktion von anderer Stelle einzufügen (hier etwa das Zitat aus ›Gretchen am Spinnrad‹). Die aus der Zeit des Zweiten Weltkriegs stammende Faust-Bearbeitung des Antwerpener Theaterdirektors und Schauspielers Joris Diels, einer frappierenden flämischen Parallelfigur zu Gustaf Gründgens, ist in Deutschland leider zu unbekannt, um hier wörtlich übernommen zu werden.

Rainer Kersten im Juni 2007

TOM LANOYE

geboren 1958 in Sint-Niklaas (Belgien). Studium der Soziologie und Germanischen Philologie in Gent. Performer, Lyriker, Kolumnist, Romanautor und Dramatiker. Zahllose Preise und Auszeichnungen, u.a. De Gouden Ganzenveer (»Die goldene Gänsefeder«) 2007, eine der wichtigsten literarischen Auszeichnungen der Niederlande, für sein Gesamtwerk. Lebt und arbeitet in Antwerpen (Belgien) und Kapstadt (Südafrika).

Theaterstücke im Verlag der Autoren:

Schlachten! (Ten Oorlog!), nach den Rosenkriegen von William Shakespeare, zusammen mit Luk Perceval, deutsch von Rainer Kersten und Klaus Reichert. U: Blauwe Maandag Compagnie, Gent, 22.11.1997, R: Luk Perceval. DE: Salzburger Festspiele, 25.7.1999/Deutsches Schauspielhaus Hamburg, 2.10.1999, R: Luk Perceval. *Mamma Medea*, deutsch von Rainer Kersten. U: Het Toneelhuis Antwerpen, 6.9.2001, R: Gerardjan Rijnders. DE: Niedersächsisches Staatsschauspiel Hannover, 25.1.2003, R: Sebastian Nübling/Theater Nürnberg, 25.1.2003, R: Georg Schmiedleitner. *Die Wolf-Gang* (De Jossen), deutsch von Rainer Kersten. U: Het Toneelhuis Antwerpen/Olympic Dramatique, 29.4.2004, R: Gruppe Olympic Dramatique. DE: Stadttheater Giessen, 22.9.2005. R: Joanna Lewicka. *Mefisto forever. Frei nach Klaus Mann* (Mefisto forever. Vrij naar Klaus Mann), deutsch von Rainer Kersten. U: Het Toneelhuis Antwerpen, 20.10.2006, R: Guy Cassiers.

RAINER KERSTEN

geboren 1964 in Bebra (Nordhessen). Studium der Germanistik, Romanistik und Niederländischen Philologie in Berlin und Amsterdam. Seit 1992 Übersetzer von Prosa und Theater aus dem Niederländischen, sowohl flämischer als auch niederländischer Autoren wie Tom Lanoye, Peter Verhelst, Martine Carton und Arnon Grünberg.
Lebt und arbeitet in Berlin, Amsterdam und Leuven.